«La humanidad que vive hoy en el mundo supone que la historia registrada es lo que es y que no se puede cambiar. ¡No han contado con la llama violeta transmutadora!

»Dondequiera que estéis, al leer mis palabras, podéis empezar a sentir la maravillosa acción del fuego violeta pasando por vuestras venas, penetrando las capas del templo físico la corriente sanguínea, el sistema nervioso, el cerebro presionando a través de los chakras, circulando por todo el cuerpo etérico, pasando por las páginas del registro escrito de vuestras encarnaciones en la Tierra.

»Línea por línea, letra por letra, la llama inteligente, luminosa, dirigida por la mente de Dios libera las energías, electrón por electrón, de todos los malos usos del fuego sagrado incurridos en el pasado.

»Si queréis recibir el beneficio de esta energía milagrosa, tenéis que hacer el llamado. Porque el fiat del Todopoderoso ha salido, y la ley cósmica dice:

»*¡El llamado obliga la respuesta!*»

—EL MORYA

¡YO SOY un ser de fuego violeta!
¡YO SOY la pureza que Dios desea!

EL FUEGO VIOLETA
El mayor legado de Dios al universo

La Llama de la Libertad
para salvar a la Tierra de un
cataclismo social, económico y nuclear

La energía de la transmutación
para saldar el karma
personal y planetario

El perdón perpetuo de la misericordia
para consumir el pecado y la lucha

Su Alquimia está en vuestro Corazón
para que le déis órdenes
en el nombre de Dios

El Fuego Violeta
es Dios en acción en vosotros *¡AHORA MISMO!*

La Ciencia de la Palabra Hablada

Mark L. Prophet
Elizabeth Clare Prophet

Summit University 🔥 Press Español®
Gardiner, Montana

LA CIENCIA DE LA PALABRA HABLADA
por Mark L. Prophet y Elizabeth Clare Prophet

Título original: The Science of the Spoken Word
Copyright © 1991, 2019 The Summit Lighthouse, Inc.
Reservados todos los derechos

La presente edición en español se publica bajo acuerdo con
Summit University Press (www.summituniversitypress.com)
Copyright de la traducción © 1993, 2019 The Summit Lighthouse, Inc.
Reservados todos los derechos.

Para mayor información, contacte
The Summit Lighthouse, 63 Summit Way, Gardiner, MT, 59030 USA
Tel: 1-800-245-5445 o +1 406-848-9500 Para Español +1 406-848-9501
TSLinfo@TSL.org
SummitLighthouse.org

N° de tarjeta en el catálogo de la Biblioteca del Congreso de los EE.UU.: 2019943985
ISBN: 978-1-60988-314-0
ISBN: 978-1-60988-315-7 (eBook)

SUMMIT UNIVERSITY ♨ PRESS ESPAÑOL®

26 25 24 23   2 3 4 5

A los hijos del Uno
la Palabra perdida,
para la restitución de vuestro derecho natural

El verbo

En el principio era el Verbo, y el Verbo era con Dios, y el Verbo era Dios.

Éste era en el principio con Dios.

Todas las cosas por Él fueron hechas, y sin Él nada de lo que ha sido hecho, fue hecho.

En Él estaba la vida, y la vida era la luz de los hombres.

La luz en las tinieblas resplandece, y las tinieblas no prevalecieron contra ella...

Aquella luz verdadera, que alumbra a todo hombre, venía a este mundo...

A todos los que le recibieron, a los que creen en su nombre, YO SOY EL QUE SOY, los que nacieron de Dios, les dio potestad de ser hechos hijos de Dios.

Y aquel Verbo fue hecho carne, y habitó entre nosotros (y vimos su gloria, gloria como del unigénito del Padre), lleno de gracia y de verdad.

JUAN

Índice

Aclamad al Señor con alegría, toda la Tierra. Servid al Señor con Alegría: venid ante su presencia con regocijo. Reconoced que el Señor es Dios; Él nos hizo, y no nosotros a nosotros mismos....

Entrad por sus puertas con acción de gracias, por sus atrios con alabanza: alabadle, bendecid su nombre. SALMOS

"Aclamad a Dios con alegría!"

por los Mensajeros

Para miles de devotos de la luz de Dios en todo el mundo, el decretar se ha convertido en una «aclamación de alegría a Dios». Durante la última década, los que han buscado las verdaderas enseñanzas del Verbo de Dios han descubierto que la ciencia de decretar es una de las formas más eficaces de meditación; una meditación que se lleva a cabo majestuosamente por medio del poder de la Palabra hablada.

En este libro presentamos las enseñanzas de los Maestros Ascendidos de la Gran Hermandad Blanca[1], quienes han instruido a sus discípulos en el olvidado arte de la invocación, practicado en la Atlántida y en Lemuria. Hace más de doce mil años, en los templos de estos continentes perdidos, los sacerdotes y sacerdotisas del fuego sagrado invocaban la Llama de la Vida aplicando los principios de la ciencia de la Palabra hablada.

Esta ciencia, que se ha practicado por muchos siglos tanto por adeptos en el Lejano Oriente como por místicos occidentales, bosqueja los usos de la voz, conjuntamente con el chakra de la garganta, para dar mantras, salmodias, oraciones, invocaciones, afirmaciones, cantos de júbilo y alabanza, y fíats de luz para incrementar la acción de las fuerzas benignas sobre el planeta y en el mundo del individuo.

Los Maestros Ascendidos que están revelando sus enseñanzas a sus discípulos en todo el mundo en los albores de esta era de Acuario son seres libres en Dios cuyas almas se han reunido con el Espíritu de Dios, conocido como la Presencia YO SOY.

A lo largo de todos los siglos ha habido hombres que han tenido como la meta de su vida el ritual de la reunión divina. Con
este fin, ellos han rogado al Maestro Alquimista, al Dios Todopoderoso mismo, que transmute las limitaciones de tiempo y
espacio y tome dominio sobre los planos de la Tierra.

Para ellos, la búsqueda del autoconocimiento ha sido una
pasión omniconsumidora. Superando todo obstáculo, han
trazado el curso de la Verdad. A lo largo de los valles ensombrecidos y sobre los escabrosos picos de la vida, han salido
para vencer las ilusiones del yo inferior. Y con sus victorias han
dejado un testimonio irrefutable del potencial del hombre para
realizar su xv la ciencia de la pala bra hablada destino cósmico.
Contemplando su triunfo, afirmamos: «Lo que el hombre ha
hecho, el hombre puede hacerlo».

Siguiendo el sendero que los grandes avatares han cami-
nado, ellos han comprobado las leyes, las matemáticas, las fórmulas y los principios que, como causalidad, son el cimiento del
mundo de los efectos en que vivimos. Ellos han cumplido con
su misión de Cristeidad y han obtenido así su libertad inmortal.

Se les llama Maestros porque han dominado el tiempo y
el espacio, aplicando las mismas leyes que Jesús y otros han
comprobado. Se les llama Maestros Ascendidos porque han
ascendido a la Presencia de Dios, tal como lo hizo Jesús cuando
«fue alzado y una nube lo recibió ocultándolo a sus ojos»[2].
La «nube» a la que todos ellos han ascendido es la Presencia
mística del YO SOY que Moisés vio en la zarza que ardía sin
consumirse y que se identificó a sí misma como el «YO SOY
el que SOY."[3]

Estos Maestros son los santos y sabios de todas las épocas —los reyes-sacerdotes, los profetas-videntes, los filósofos-
científicos— que han surgido de toda condición y de todo
continente. Incluidos entre sus filas están el Buda Gautama,
el Señor Maitreya, Kuan Yin, Confucio, El Morya, Kuthumi,
Djwal Kul y otros procedentes del Lejano Oriente; en Occidente
hemos visto a Elías, Eliseo, Enoc, Moisés, Zaratustra, Jesús el
Cristo, la Madre María, Juan el Amado, San Francisco de Asís,
Juana de Arco, Santa Teresita y Saint Germain, e incluso ese

santo moderno y alma valiente, el Papa Juan XXIII, e innumerables devotos anónimos que se han graduado con honores de la escuela llamada Tierra.

Nosotros, que esperamos graduarnos, tenemos hoy una gran oportunidad de seguir las huellas de aquellos que ya han vencido al mundo. A los que quieren seguirle en el Camino, Jesús les dio palabras de consuelo y esperanza para su reunión final con Dios. Estas palabras son la promesa que todo maestro de la Gran Hermandad Blanca da a sus discípulos; porque la ley de la jerarquía es la ley de la evolución, mediante la cual el menor siempre está destinado a llegar a ser el mayor.

"Pero confiad, yo he vencido al mundo."[4] *¡Regocijaos! Como yo he vencido el mundo, también vosotros podéis vencerlo, demostrando las mismas leyes que yo he demostrado.*

«El que en mí cree, las obras que yo hago él las hará también; y aún mayores hará, porque yo voy al Padre»[5] Si creéis en el potencial del Cristo dentro de mí, por medio del cual yo he hecho las obras de Dios en la Tierra, entonces podéis hacer esas mismas obras por medio de la acción del potencial de vuestro propio Cristo. Debido a que yo me he convertido en la Fuente de toda la Vida por el ritual de la ascensión, debido a que yo he ascendido «a mi Dios y a vuestro Dios»[6], vosotros podéis hacer incluso mayores obras, porque yo voy a multiplicar el ímpetu de vuestra victoriosa superación con el pleno poder de la mía.

"Sed vosotros perfectos, como vuestro Padre que está en los cielos es perfecto."[7]

Dado que el Padre, Fuente de la Vida, es perfecto y nosotros nos hemos unido con el Padre aplicando la perfección de sus leyes, vosotros también podéis perfeccionaros en esa misma unión siempre que tengáis como finalidad la meta de la perfección.

Por consiguiente, los Maestros Ascendidos son los verdaderos instructores de la humanidad, que están esperando en la entrada de la conciencia para enseñar a todo aspirante sincero del Sendero. Su presencia en este siglo es el cumplimiento de la profecía del Señor dada a Isaías: «Con todo, tus maestros nunca más te serán quitados, sino que tus ojos verán a tus maestros."[8]

Se dice: «Cuando el alumno está preparado, el maestro aparece». Vosotros, que leéis este libro, os daréis cuenta de que sois ese alumno y que, en este punto de vuestra evolución, os habéis preparado para entrar en relación directa con uno o más de los Maestros Ascendidos como sus discípulos en el Camino de retorno al Hogar.

Cuando sigáis cuidadosamente los pasos de iniciación que ellos han delineado para el sendero del autodominio, podéis vencer al mundo y realizar la labor de Cristo en la Tierra. Podéis acercaros a la perfección, no sólo porque la perfección es una meta alcanzable, sino porque es la única meta válida en el universo. Sabemos que esto es ley cósmica porque los maestros que nos han precedido no sólo lo han afirmado, sino que lo han comprobado con su ejemplo.

Una de las técnicas más importantes y vitales de autodominio enseñadas por la Hermandad es la ciencia de la invocación, que incluye el arte de decretar. Al emplear este método para expandir la conciencia, lo cual se explica minuciosamente en este libro, podéis acercaros aún más a la Llama de la Vida que está en vuestro propio ser y finalmente experimentar el bautismo del fuego sagrado vaticinado por Juan el Bautista cuando habló de la venida de Cristo: «Él os bautizará con el Espíritu Santo y con fuego."[9]

Todos los escritos de los Maestros expuestos en este libro, incluyendo los Decretos de Corazón, Cabeza y Mano, fueron dados por la jerarquía de los Maestros Ascendidos a Mark y Elizabeth Prophet, quienes, como Mensajeros de la Gran Hermandad Blanca, han revelado al mundo la enseñanza superior durante décadas.

Mark L. Prophet fundó The Summit Lighthouse en la ciudad de Washington en el año 1958, bajo la dirección del Maestro Ascendido El Morya, jefe del Consejo de Darjeeling de la Gran Hermandad Blanca, con el propósito de publicar y diseminar el mensaje de los Maestros Ascendidos. El Morya llamó a Elizabeth para que lo apoyara en la misión. Juntos han dado cursos y conferencias a lo largo de los Estados Unidos y el mundo, viajando por Europa, el Medio y Lejano Oriente,

África y América del Sur con discípulos de los Maestros, enseñando y dando charlas a lo largo del camino.

Miembros de la Hermandad han dictado numerosos volúmenes a los Mensajeros, incluyendo Perlas de Sabiduría, que son cartas semanales de los Maestros a sus chelas en todo el mundo; lecciones para Guardianes de la Llama, que contienen enseñanzas graduales en ley cósmica para los miembros de la Fraternidad de los Guardianes de la Llama; y el primer tomo de Escala la montaña más alta, una serie de treinta y tres capítulos que han de publicarse como el Evangelio Eterno que representa la culminación de la misión de doce años que los Prophet realizaron juntos en la Tierra.

El 26 de febrero de 1973, Mark L. Prophet se despidió de este plano, tal como había profetizado, e hizo su ascensión para convertirse en miembro de la Hermandad de Maestros Ascendidos que están al servicio de la Tierra en este período de cambios mundiales. Elizabeth permaneció en encarnación hasta que hizo su transición en el 2009, ocupando el cargo de Madre de la Llama en beneficio de la humanidad y mantiene el foco espiritual de The Summit Lighthouse y de la Iglesia Universal y Triunfante, cuya sede central se halla en Corwin Springs (Montana).

Así, los dos testigos de la Palabra de Dios, ungidos para entregar a la era la sabiduría de los Maestros, están haciendo accesible, a todo el que quiera oír, el verdadero conocimiento del Cristo que Jesús dio a un íntimo círculo de devotos que se reunían a menudo en el cenáculo, antes y después de su resurrección. El compendio de la ley cósmica revelada a ellos, incluyendo técnicas de automaestría, enseñadas hasta ahora solamente en los retiros de la Hermandad, proporcionará a todo hombre y mujer el entendimiento de su propio Yo Crístico, su Presencia YO SOY y su posición como un ser libre en Dios en este su universo natal.

Las revelaciones dadas a Mark y Elizabeth Prophet son el cumplimiento de la profecía de Jeremías concerniente a la alianza que el Señor prometió hacer con la casa de Israel: «Después de aquellos días, dice el Señor: Daré mi ley en su mente y la escribiré en su corazón, y yo seré a ellos por Dios, y ellos me serán por pueblo. Y no enseñará más ninguno a su prójimo, ni ninguno a su hermano, diciendo: Conoce al Señor, porque todos me conocerán, desde el más pequeño de ellos hasta el más grande, dice el Señor; porque perdonaré la maldad de ellos, y no me acordaré más de su pecado»[10]

La inscripción en el muro del antiguo templo, «Hombre, conócete a ti mismo», es un reto constante para toda alma. Indiferentemente de raza, credo, religión, nación o casta en que haya nacido, cada alma, si quiere ser libre de las ataduras del yo, tendrá que aceptar algún día el desafío de conocerse a sí misma tal como realmente es: una manifestación de Amor dinámico, una célula en el Cuerpo de Dios.

Es el deseo supremo de la Deidad, ya que sois una faceta de su conciencia en evolución, daros la clave del autoconocimiento que os capacitará para desencadenar el pleno potencial de vuestro Ser Crístico. Esta clave que desencadenará la energía, la inteligencia y la motivación de vuestra automaestría, es el llamado que exige la respuesta.

La finalidad de decretar eficazmente es, por tanto, la de desencadenar las energías de vuestro Yo Real. Hasta que no lo intentéis, nunca sabréis qué cantidad de la luz de Dios podéis realmente extraer para que se manifieste en el mundo de la forma. Si sois de mentalidad abierta, honestos, imparciales y estáis dispuestos a experimentar con la ciencia de la invocación como con una hipótesis de ley cósmica, entonces entrad en el laboratorio del Espíritu y seguid las instrucciones de los Maestros; porque sólo haciéndolo así comprobaréis, a vuestra satisfacción, que los decretos realmente dan resultado. En realidad, jamás lo sabréis hasta que no lo intentéis.

Que la paz sea con vosotros en vuestra búsqueda del glorioso cumplimiento del poder, la sabiduría y el amor de la Palabra hablada.

«¡Aclamad a Dios con alegría!»

Terminología

AUM

La palabra sagrada AUM* emite las frecuencias del Verbo, la misma Palabra que surgió como el origen de la creación. Los hombres de la antigüedad conocían el poder de la Palabra. Las civilizaciones han surgido y han caído con el poder de la palabra hablada. Hace cientos de miles de años, los mantras del Oriente, sagradas entonaciones, fueron legados por los sacerdotes y sacerdotisas de Lemuria, y todo lo que surge procede del sagrado AUM.

Seguimos el rayo del sol hasta llegar al núcleo de fuego. Seguimos la luz dentro del corazón hasta llegar al sol de la Presencia. Cuando afirmamos la palabra AUM, estamos afirmando el verdadero ser. Afirmar ese ser significa convertirse en él. Declarar ese ser significa saber quién YO SOY. El sagrado AUM que entonamos es el sonido indestructible. Es la inmensidad. Del AUM surge nuestra unidad.

El sonido de la Palabra, la Palabra del sonido. Es una palabra sánscrita. Significa «me inclino, estoy de acuerdo, acepto...». ¡AUM! Me inclino ante el Señor Dios Todopoderoso y estoy de acuerdo en que soy su amado hijo. Acepto mi destino inmortal, acepto mi razón de ser. Acepto mi responsabilidad de ser. AUM. Acepto las partes componentes de mi realidad. Acepto que la llama es Dios dentro de mí.

AUM es el símbolo más abstracto y, no obstante, el más concreto de la divinidad. Es un instrumento de autorrealización. Es vuestro para conservarlo. Emana de vuestro corazón

---

*AUM: sílaba sagrada en sánscrito, que se pronuncia OM. [N. del T.]

por medio del aliento de Dios. Ningún instrumento mecánico, ninguna máquina ni tampoco el poder de la civilización pueden compararse con el AUM. Tan sólo vosotros podéis entonar el AUM, *porque vosotros sois Dios en manifestación.* De esta eterna sílaba surge todo lo que existe. Todo lo que surge regresa al AUM.

El AUM se deletrea *A-U-M* y cada una de las letras representa una parte componente de nuestra divinidad. Cada letra ha de pronunciarse por separado. Cuando juntamos las tres, entonamos simplemente el AUM.

Pasado, presente y futuro forman la Trinidad. Somos todo lo que somos como realización pasada, presente y futura del AUM. En Oriente los hindúes llaman a la Trinidad Brahma, Visnú y Siva; y en Occidente Padre, Hijo y Espíritu Santo. El concepto es el mismo.

La *A* viene de Alfa (nuestro Padre), el iniciador, el creador, *El Principio,* que es el origen de las espirales de la conciencia y del ser. Es el ímpetu del poder. La *M* es el *OM* de Omega (nuestra Madre), la conclusión, *El Fin,* uno con el Espíritu Santo, que es el integrador y el desintegrador de la forma y de lo que no tiene forma. AUM. Así, las polaridades positivas y negativas del ser son pronunciadas por los Elohim a lo largo del cosmos para sostener los mundos.

Entre la *A* y el *OM* está contenida toda la vastedad de la creación. Y la *U* en su centro es la copa de la creación, meciéndoos a *Vosotros,* al Ser Real, al Ungido, al Cristo, al Buda de la Luz; vosotros en manifestación universal, en manifestación individual. A-U-M. La Trinidad en la Unidad. Vosotros, la parte central —la obra maestra—, la Unidad entre el Uno y la Palabra, el fulcro y el nexo. El Cristo Universal es el poder de la preservación, de la concentración y de la cohesión de vuestra identidad. Entre el *ímpetu* del Padre y el *regreso* de la Madre, estáis amparados en la identidad de su amor. AUM.

YO SOY EL QUE YO SOY

Hace miles de años, Moisés recibió la iniciación de esta acción de la ley del AUM, y nosotros seguimos conservando ese fuego sagrado y esa herencia tal como cuando Moisés vio el núcleo de fuego blanco de su propio ser exteriorizado en la zarza que ardía sin consumirse. Y la voz proveniente de la zarza declaró Autoconocimiento, ser procedente del núcleo de fuego y que declaró nuestra identidad en Dios, «YO SOY QUIEN YO SOY».

Imaginémonos a nosotros mismos en ese árido país en que Moisés estaba. En el nombre del YO SOY EL QUE YO SOY, viajemos a lo largo del *akasha,* a los registros de tiempo y espacio escritos en el éter, y pisemos esa tierra santa donde Moisés estuvo.

Escuchemos con el oído interno el eterno sonido del Creador: YO SOY EL QUE YO SOY. Que cada quien entre en lo profundo de su corazón para oír la voz de Dios que habla. Y respondamos ahora al Señor de la Creación, la ley de la Creación, dentro de nuestros corazones: *YO SOY EL YO QUE SOY.*

Cuando pronunciamos nuestros mantras desde el corazón, sentimos el flujo de la intensidad del fuego sagrado del corazón y formamos una alianza entre nosotros en respuesta al amor, entonces sentimos cómo crece la llama, que es la Luz que tenemos en común, nuestra Luz única.

Los Maestros Ascendidos de la Gran Hermandad Blanca enseñan a sus chelas a adentrarse hasta el núcleo de fuego, a sumergirse en la fuente de luz por medio del sagrado AUM, y permanecer ahí, tal como hacía Jesús cuando se retiraba de las multitudes a un lugar apartado. Y ellos nos enseñan también cómo salir nuevamente en el nombre de Dios, por medio del nombre «YO SOY EL QUE YO SOY». Por tanto, el ciclo del AUM y del YO SOY EL QUE YO SOY que cantamos produce la corriente alterna de adentrarnos al Padre y salir con la Madre.

Este fíat del ser es el nombre de Dios. Es más que un nombre, contiene la energía de la creación. El primer YO SOY representa la letra *A* del AUM. Es Dios como Alfa, que declara: «YO SOY». El QUE representa la *U,* la transición, el paso de la energía a Omega en el segundo YO SOY; la Trinidad que se vuelve a expresar.

Es Dios en las alturas, que declara: «YO SOY EL QUE YO SOY. YO SOY esta manifestación abajo que YO SOY arriba. Como es arriba, así es abajo, YO SOY el que yo soy». Es Dios arriba en la Persona de la Amada Presencia «YO SOY», que afirma que, así en el cielo como en la Tierra, Dios es la llama que arde en el altar de nuestros corazones.

Cuando decimos: «YO SOY EL QUE YO SOY», el yo que está hablando no es el yo inferior, sino el Yo Superior. Dios dentro de nosotros está diciendo: «YO SOY EL QUE YO SOY». ¿Por qué quien sino Dios dentro de nosotros tiene la autoridad de declarar ser, conciencia, autoconocimiento?

¿Sabe hablar la arcilla? ¿Puede la cazuela hervir sin la llama? ¿Puede el leopardo cambiar sus manchas? ¿Puede la forma exterior ser otra cosa que el instrumento de la llama interna? Como dijo el poeta, sólo Dios puede hacer un árbol. Sólo Dios puede crear y destruir los mundos.

Permitamos que *Él* hable a través de nosotros: «YO SOY EL QUE YO SOY». Permitamos que *Él* pronuncie Su Sagrado Nombre. Y cuando lo haga, le responderemos diciendo: «Sí, Señor, yo soy el que "YO SOY"».

Definicionesde la Palabra hablada

La plegaria

Una petición devota a Dios, o cualquier forma de comunión espiritual con Dios, o con un objeto de adoración; una comunión espiritual con Dios o un objeto de adoración, tal como en una súplica, una oración de agradecimiento, una adoración o una confesión; una fórmula o secuencia de palabras que se usa o está indicada para rezar: el Padrenuestro; una petición, súplica.

La invocación

El acto de invocar o llamar a una deidad, espíritu, etc., para que ayude, proteja, inspire y demás; súplica; cualquier petición o súplica de ayuda o asistencia; una forma de orar invocando la presencia de Dios, que se pronuncia especialmente al comienzo de una ceremonia pública; un llamado a Dios o a los seres que se han unido a Dios para que proporcionen poder, sabiduría y amor a la humanidad o para que intercedan a su favor; súplica para que el flujo de luz, energía, paz y armonía se manifieste en la tierra así como en el cielo.

El mantra

Una fórmula mística o invocación; una palabra o fórmula, generalmente en sánscrito, que se recita o canta con el fin de intensificar la acción del Espíritu de Dios en el hombre.

La salmodia

Una melodía breve y sencilla que se caracteriza especialmente por notas individuales con las que se entona un número indefinido de sílabas, que se usa para cantar los salmos, cánticos, etc., en los servicios religiosos.

Tanto en Oriente como en Occidente el nombre de Dios se salmodia repetidamente en el ritual de expiación, en el cual el alma del hombre se une con el Espíritu de Dios al entonar el sonido de Su nombre. En sánscrito es AUM o AUM

TAT SAT AUM y en inglés I AM THAT I AM (YO SOY EL QUE YO SOY).

Cuando se entona el nombre de Dios o de uno de los miembros de las huestes celestiales, la vibración del ser se reproduce, con lo que la esencia misma del Ser es atraída hacia el que canta. Por tanto, cuando se usan adecuadamente, las salmodias magnetizan la Presencia, ya sea universal o individualizada, de la Conciencia Divina.

El decreto

Una voluntad preordenada, un edicto o fíat, el preordenamiento de acontecimientos. Decretar: v. t. decidir, declarar, mandar o imponer; determinar u ordenar; dar órdenes.

El decreto es la más poderosa de todas las peticiones a la Deidad. Es el mandato del hijo o hija de Dios dado en el nombre de la Presencia YO SOY y del Cristo para que la voluntad del Todopoderoso se manifieste así abajo como arriba. Es el medio por el cual el reino de Dios se convierte en realidad aquí y ahora, por el poder de la Palabra hablada. Puede ser corto o largo y generalmente se caracteriza por un preámbulo formal y un cierre, o aceptación.

El fíat

Un decreto, sanción u orden autoritativos; un manifiesto; una corta invocación dinámica o decreto que usa generalmente el nombre de Dios YO SOY, como la primera palabra del fíat; por ejemplo: *¡YO SOY el Camino! ¡YO SOY la Verdad! ¡YO SOY la Resurrección y la Vida!*

Los fíats son siempre exclamaciones del poder, la sabiduría y el amor Crísticos afirmados conscientemente y aceptados en el aquí y el ahora.

La afirmación

Declaración de que algo existe o es cierto; confirmación o ratificación de la verdad; declaración solemne.

Las afirmaciones son fíats que pueden ser más largos y con detalles más específicos. Afirman la acción de la Verdad en el hombre, en su ser, conciencia y mundo. Se usan alternativamente con negaciones de la realidad del mal en todas sus formas. Igualmente, afirman el poder de la Verdad que desafía las actividades de los caídos.

El llamado

Una exigencia, una reclamación, una solicitud u orden de venir o estar presente; una solicitud pidiendo algo; el acto de convocar al Señor, o la convocación del Señor a su descendencia. «Mas el Señor Dios *llamó* a el hombre y le dijo: ¿dónde estás tú?» (Génesis, 3:9). «De Egipto llamé a mi hijo» (Mateo 2:15). Llamar: v.t. hablar en voz alta y articulada a fin de ser oído en la distancia; hacer retornar de la muerte o plano astral; por ejemplo: «*¡Lázaro, levántate!*»; pronunciar en voz alta y articulada; anunciar o leer en voz alta o con autoridad.

El llamado es el medio más directo de comunicación entre el hombre y Dios, y entre Dios y el hombre, que se usa frecuentemente en casos de emergencia; por ejemplo: *¡Oh Dios, ayúdame!*, *¡Arcángel Miguel, toma el mando!* El lema del iniciado es: «El llamado exige la respuesta». «Me *invocará* y yo le responderé» (Salmos 91:15). «*Invocaban* al Señor y él les respondía» (Salmos 99:6).

~1~

El mantra de Saint Germain para la era de Acuario

«YO SOY un ser de fuego violeta, YO SOY la pureza que Dios desea»

por Saint Germain

¡Salve, amigos de la libertad!

¡Salve, portadores de luz de todos los siglos! ¡Salve, oh América! ¡Salve, oh Tierra! ¡Salve a la llama de la libertad en todo corazón y en toda vida a través del cosmos!

Yo he venido a saludar a la luz del YO SOY EL QUE YO SOY dentro de vosotros y a daros una visión para forjar vuestra identidad Divina. YO SOY el guardián de la llama de la libertad para todas las naciones. Vosotros me habéis llamado Saint Germain y Tío Sam*. ¡YO SOY él y YO SOY el que está aquí! YO SOY el que está en la llama de la ciencia sagrada y de la religión que es vuestra para que la reclaméis como el fuego sagrado dentro de vuestros corazones.

---

*El Tío Sam representa el arquetipo de la libertad en Estados Unidos, detrás del cual se esconde la personalidad de Saint Germain. Los estudiantes de los Maestros Ascendidos —sabiendo que el profeta Samuel fue una encarnación de Saint Germain— dan por entendido que el profeta de Israel es asimismo el patrocinador del sendero de la libertad para el pueblo americano y que fue él quien ungió al primer presidente de los Estados Unidos, George Washington. [N. del T.]

Habitantes de América, habitantes de la Tierra, escuchad la súplica de las huestes ascendidas de luz, que no se encuentran muy lejos de vosotros, sino que son vuestros hermanos y hermanas mayores en el Sendero y que han mantenido la visión de la libertad para vosotros a lo largo de todos los siglos. Desde los días de Lemuria y Atlántida, desde los días del advenimiento del Buda, del Cristo y los hijos de Israel que cruzaron el mar Rojo y se abrieron paso por el desierto hasta que la promesa fue cumplida, las huestes del Señor han venido a través de los maestros, los profetas y los mensajeros de las diferentes edades.

¿Creéis, pues, que Dios no puede revelarse en estos nuestros días tal como lo hizo anteriormente? Sin duda alguna, nuestro Dios es un fuego consumidor, y ese fuego es el bautismo del Espíritu Santo dentro de vosotros. Y ésta es la era de ese bautismo y del advenimiento de la llama violeta para vuestra liberación de toda clase de cautiverio sobre la mente, el alma, el corazón y el ser del hombre.

YO SOY el que está aquí para reclamar la libertad para hombre, mujer y niño, y para todo corazón del Dios Todopoderoso. YO SOY el que está con los habitantes de la [antigua] Unión Soviética*, de China, de América y de África. YO SOY el que está con los hombres que luchan por esa liberación que significa la disciplina de la libertad bajo la ley de Dios y no ese libertinaje que se entrega a la mente carnal.

Sí, YO SOY un seguidor de Cristo. YO SOY un patrocinador del Cristo dentro de vosotros, y Él también es mi Salvador. De esta forma, el Señor Jesús sirve ahora conmigo para ser, junto con las huestes del Señor, la puerta abierta a la libertad en América y en todas las naciones. Ésta es la puerta abierta que nadie puede cerrar.

Pero os digo, habitantes de la Tierra, que os corresponde a vosotros reclamar esa libertad. Porque, como siempre, los caídos que han invadido los gobiernos y las economías de las naciones están siempre presentes como saqueadores para arrebataros vuestra libertad, ordenada por Dios.

---

*En 1991, la Unión Soviética se dividió en quince repúblicas independientes, incluida Rusia. [N. del T.]

Por tanto, os digo: ¡Reclamadla en el nombre del YO SOY EL que YO SOY! ¡Reclamadla y formad, pues, una unidad con Dios, el voto de mayoría por la libertad en la Tierra! Porque, os pregunto: ¿Qué es la paz sin libertad? ¡Que todos los líderes de todas las naciones consideren en sus corazones en este día el significado de una paz que no proporciona la libertad de ser o de adorar a Dios como el Ser Divino de toda alma!

Sí, yo vengo como un creyente y un maestro de la ley de la reencarnación. Si no fuera así, os lo hubiera dicho. La ley que prevé que el alma retorne una y otra vez es vuestra justicia cósmica. Es vuestra oportunidad de comprobar la ley y de ganar esa salvación que es la ascensión en la luz.

Éste es el objetivo de la auténtica religión. Es el enlace del alma con Dios en libertad. Es la gran prueba que nuestro Señor Jesucristo dio en su ascensión*. Pero también os incumbe reclamarla para vosotros mismos y para vuestra nación, habitantes de la Tierra.

Entended, pues, que esta Tierra está destinada a ser gobernada por las almas de luz. Por tanto, almas de luz, me dirijo esta noche a vosotros. ¡Tomad vuestros puestos en los gobiernos, abogad por la verdad y defended la libertad!

Y ésta es la verdadera y única revolución que podéis abrazar. Es la causa de la libertad, por medio de la cual llegáis a entender que la meta y la vocación de América y de toda nación verdaderamente libre es la de guiar a la humanidad hacia el camino de la conciencia superior. Es una revolución de luz que permitirá que todo lo que no esté correcto en la Tierra se corrija con la ley de la libertad y el bautismo del fuego sagrado.

Entended, pues, que vuestra salvación en esta era es dirigiros hacia vuestro Gran Ser Divino interno y que todos los problemas de la economía, la ecología y los gobiernos se pueden resolver si dedicáis tan sólo diez minutos cada día a adentraros en vuestros corazones y encontrar a vuestro Ser Divino, a meditar y usar la ciencia de la Palabra Hablada por lo cual entonáis el mantra de los hombres libres:

---

*Véase nota 2, página 217. [N. del T.]

¡YO SOY un ser de fuego violeta!,
¡YO SOY la pureza que Dios desea!

Éste es mi mantra que os doy como vuestra iniciación en la era de Acuario. ¿No queréis repetirlo conmigo ahora?

¡YO SOY un ser de fuego violeta!,
¡YO SOY la pureza que Dios desea!

Cuando usáis el nombre de Dios para reclamar el YO SOY como el ser y la esencia de Dios dentro de vosotros mismos, entonces tenéis el derecho de reclamar todo lo demás y, por tanto, podéis emplear el mantra de Jesucristo, «YO SOY el camino, la verdad y la vida», y participar de esa vida gloriosa que él vivió.

Ved, pues, que los ciclos cambian; que tal como Cristo vino a enseñaros que el Cristo vive dentro de vosotros, así yo he venido a patrocinar a las naciones para que cada una de ellas, bajo Dios, se dé cuenta de que Cristo es el centro y la conciencia de esa labor sagrada que es el destino que ha de seguir toda nación libre.

Que la nación sea, pues, la identidad de la conciencia colectiva de Cristo en esta era. Que la individualidad se encuentre en la Comunidad del Espíritu Santo mientras que los hijos de Dios en la Tierra forjan su identidad divina, nación tras nación. Por tanto, os digo, en el nombre del Señor, el Todopoderoso, el Gran Dios de la Libertad para la Tierra: ¡Forjad vuestra identidad divina!

Os traigo ahora las energías del Sagrado Corazón de Jesús, las energías del Sagrado Corazón de María y las de la consagración de mi propio corazón al camino de la libertad. Os traigo el conocimiento del fuego sagrado y de la llama trina que hace latir vuestros corazones.

La llama trina es el don de la vida. Es vuestra oportunidad para alcanzar la Individualidad y la realidad. También representa vuestra heredad junto con el Cristo, quien dio pruebas de ser la encarnación del Verbo, ya que el Padre, el Hijo y el Espíritu Santo fueron la fuerza impulsora y la energía de su oficio.

Contemplad, pues, la gráfica de vuestra Presencia YO SOY* [la presencia deshumanizadora en la zarza ardiendo en llamas],

*Véase Gráfica de tu Yo Divino, página 10. [N. del T.]

revelada a Moisés como el YO SOY EL QUE YO SOY. Contemplad la individualización de la llama Divina mediante la cual podéis reclamar vuestra unidad con el Altísimo. Contemplad, entonces, vuestro principio Crístico, vuestro Yo Crístico, que vive como el Mediador y como aquel que es capaz de perdonar, perdonar y perdonar.

Entended que el Cristo es único, el Unigénito, y que sin embargo ese Cristo, ese único, esa luz en Jesús, la verdadera luz que alumbra a todo hombre que viene al mundo, es el cuerpo de Dios que se fragmenta y se repite una y otra vez para toda alma que entre en encarnación.

Y, por tanto, el potencial de ser Cristo está con vosotros en el momento de vuestro nacimiento, en el momento en que el Espíritu Santo sopla el aliento de la vida en vuestro templo. En ese momento, volvéis a tener la oportunidad de reconocer que vuestro Yo es Dios, el YO SOY EL QUE YO SOY, y de reconocer que vuestro Yo es el Cristo. Y el fuego sagrado que vive dentro de vosotros es el Espíritu Santo.

Y cuando meditáis sobre esa llama como poder, sabiduría y amor, yo os digo que esa llama irrumpirá, se expanderá y llenará toda la casa, todo el templo de vuestro ser. Y experimentaréis la aceleración de vuestros centros sagrados, de vuestra conciencia y de la vida dentro de la vida. Y entonces sentiréis el poder de un cosmos surgiendo a través de vosotros, y entonces veréis cómo los pocos y después los muchos saldrán a salvar a las naciones para el Dios Todopoderoso.

Porque deseamos que todas las naciones y todos los pueblos entren bajo el dominio divino del Cristo. Por eso prestamos nuestro servicio: los seres angelicales, los arcángeles y los Elohim. Prestamos servicio con la finalidad de poner en libertad al hombre. Prestamos servicio para enseñar a la humanidad la ley de su propia inmortalidad. Prestamos servicio sólo para liberaros, a fin de que seáis todo lo que Dios os tiene prometido por medio de los grandes maestros del Oriente y del Occidente, que han venido a lo largo de los miles de años de evolución de la Tierra.

No todo lo que Jesucristo confió a sus discípulos fue anotado

para vuestro uso. Por tanto, nos corresponde a nosotros de-
volveros, a través de nuestra Mensajera, esa enseñanza sagrada
del Cristo mediante la cual también podéis ser libres y realizar
las obras de los apóstoles y de aquellos que son llamados para
ser los representantes del Señor.

Yo os digo, oh seres de luz, ¡aceptad vuestra misión de los
siglos! ¡Aceptad vuestro papel de protectores de la libertad en
la Tierra! Éste es en verdad el destino de América: enseñar un
modo de vivir que sea una forma de gobernar mediante la cual
toda llama trina y toda alma viviente pueda comulgar con Dios
y de esa comunión desarrollar un voto y consagrar ese voto a
la libertad.

Por tanto, que este entendimiento de la comunión interna
sea el fundamento del gobierno Divino del pueblo, por el
pueblo y para el pueblo que no desaparecerá de la Tierra[1] si
esta nación, América, ha de elevarse nuevamente a su destino
Divino en esta era y ha de forjar esa unidad que es patrocinada
por el Arcángel Miguel que viene a salvaros, que viene a uni-
ficaros y que viene trayendo un mensaje: «¡Recordad que sois
hermanos!»[2].

Por tanto, que los hermanos se unan para alcanzar la gloriosa victoria del Cristo, el Segundo Advenimiento de Jesús y
el retorno del gentil Señor Buda, Señor del Mundo y donador
de la Llama de la Vida a todas las naciones. Por tanto, que el
entendimiento de la convergencia de las enseñanzas de Oriente
y Occidente sea la fuerza del hombre que se identifica con Dios.
Y que las almas que aman la llama de la pureza se familiaricen
ahora con la llama de la Madre[3], y que esa Madre del Cosmos
vuelva a alimentar la nueva vida y el nuevo nacimiento.

¡Oh Madre Libertad![4], alza tu antorcha y da la bienvenida
a todas las almas de luz que vienen a América y a la Tierra;
¡revela el Libro de la Ley y que éste sea el Evangelio Eterno! Así,
que venga el ángel a darles a los corazones de esta nación y a
todos los habitantes de la Tierra el entendimiento de la única y
verdadera Fuente y de esa energía que es Dios y que se concede
a toda alma viviente.

Así, llamo a las tribus perdidas de la casa de Israel: Venid y reclamad vuestra identidad Divina. Salid de todas las naciones, sed libres y sed los instructores de todos los siglos y conoced al YO SOY EL QUE YO SOY dentro del corazón y reconoced que vuestro Yo Real es el Cristo inmortal.

Que la llama violeta sea, pues, la cualidad de misericordia que no se agota[5]. Que la llama violeta se invoque diariamente. Que vuestra meditación se concentre en la llama y en la frecuencia de la llama que encontraréis en el color de la llama violeta. Éste es mi rayo. Éste es el rayo de la era de Acuario. Éste es el color de la libertad misma.

Así, que pulse dentro de vuestros corazones. Que encienda vuestros corazones. Que infunda en vosotros el amor de los primeros patriotas y de los que forjaron la victoria de la libertad hace muchos siglos en el corazón de Europa, en ese pequeño país que es Suiza, donde aún arde una llama trina que todas las naciones pueden aprovechar y usar para la victoria.

¡Oh Afra e hijos de Afra[6], os llamo a la ley única del YO SOY EL QUE YO SOY! Os llamo ahora. ¡Escuchad la palabra de los Maestros Ascendidos, comprobad y demostrad que tenéis la libertad y habilidad para ser íntegros!

Dirijo mi palabra a los negros, a los blancos y a los hombres de todas las razas. Cada uno de vosotros tiene la oportunidad de engendrar un gran genio para la Tierra, pero esto debe realizarse mediante el esmero individual y el mérito del alma. Es el fraguar vuestro Ser tomando la energía que Dios puso en vuestros corazones.

¡Venid ahora! Os envío amor. ¡Sed libres de todo lo pasado! Que la Tierra se lave con las aguas de la Palabra viviente. ¡Que los registros de guerra, odio, prejuicio y lucha en todo continente se disuelvan ahora!

Porque YO SOY Saint Germain, el patrocinador de una nueva era de libertad. Yo patrocino América y toda nación en la Tierra donde se custodie la libertad, y patrocino a toda alma que quiera vivir para ser libre.

Habitantes de América, rogad por los que no están totalmente libres y cuidad bien vuestro patrimonio de libertad. Porque cuando, debido a las sutiles usurpaciones de los caídos, perdáis vuestro derecho de ser libres os arrepentiréis de la hora en que no estuvisteis alerta en los muros como centinelas del Señor.

Y cuando suene el grito del centinela: «¿Cómo va la noche?», confío en que cada americano sea el centinela en los muros del Señor y en los muros de la libertad. Y cuando recibáis el grito, entonces, ¿cuál será vuestra respuesta? Yo digo que sea: «¡Sin novedad!»

Os saludo en la llama de mi corazón. Os sello en la llama de mi corazón. Y YO SOY el que está con vosotros en Cristo, en Buda, hasta el fin del ciclo de esta era. Amén. Amén. Amén.

Saint Germain

Gráfica de tu Yo Divino

-2-

Gráfica de tu Yo Divino

por los Mensajeros

En la gráfica están representadas tres figuras, que denominaremos figura superior, figura media y figura inferior. La figura superior es la Presencia YO SOY, el YO SOY EL QUE YO SOY, la presencia de Dios individualizada para cada hijo e hija del Altísimo. La Mónada Divina consiste en la Presencia YO SOY rodeada de las esferas (anillos de color) de luz que componen el Cuerpo Causal.

Éste es el cuerpo de la Primera Causa que contiene en su interior los «tesoros del hombre acumulados en el cielo» —palabras y obras, pensamientos y sentimientos de virtud, logro y luz—, energías puras de amor que han ascendido del plano de la acción en el tiempo y el espacio como resultado del ejercicio juicioso que el hombre hizo del libre albedrío y de su armoniosa cualificación de la corriente de vida que emana del corazón de la Presencia y que desciende al nivel del Yo Crístico para, desde allí, vigorizar y animar al alma encarnada.

La figura media en la gráfica es el Mediador entre Dios y el hombre, llamado el Santo Yo Crístico, el Yo Real o la conciencia Crística. También se le denomina Cuerpo Mental Superior o Conciencia Superior. Este Maestro Interno pone su presencia sobre el yo inferior, que consta del alma que evoluciona por medio de los cuatro planos de la Materia, usando los vehículos de los cuatro cuerpos inferiores (el cuerpo etérico, o de la memoria; el cuerpo mental; el cuerpo emocional, o del deseo, y el cuerpo físico) para saldar su karma y cumplir el plan divino.

Las tres figuras de la gráfica corresponden a la Trinidad de Padre, que siempre incluye a la Madre (la figura superior), Hijo (la figura media) y Espíritu Santo (la figura inferior). La intención es que esta última sea el templo del Espíritu Santo, cuyo fuego sagrado se manifiesta en la envolvente llama violeta. La figura inferior corresponde a ti como discípulo en el Sendero. Tu alma es el aspecto no permanente del ser, que se hace permanente por medio del ritual de la ascensión.

La ascensión es el proceso mediante el cual el alma, habiendo saldado su karma y realizado su plan divino, se une primero con la conciencia Crística y después con la Presencia viviente del YO SOY EL QUE YO SOY. Una vez que ha tenido lugar la ascensión, el alma, el aspecto no permanente del ser, se convierte en el Incorruptible, en un átomo permanente en el Cuerpo de Dios. La Gráfica de tu Yo Divino (que es en realidad tu Yo Divino) es, por consiguiente, un diagrama personal: del pasado, el presente y el futuro.

La figura inferior representa al hijo del hombre o niño de la Luz evolucionando bajo su propio «Árbol de la Vida». Es así como deberías visualizarte de pie en la llama violeta, que invocas diariamente en el nombre de la Presencia YO SOY y de tu Santo Yo Crístico, a fin de purificar tus cuatro cuerpos inferiores en preparación para el ritual del matrimonio alquímico: la unión de tu alma con el Amado, tu Santo Yo Crístico.

La figura inferior está rodeada de un tubo de luz que se proyecta desde el corazón de la Presencia YO SOY en respuesta a tu llamado. Es un cilindro de luz blanca que sostiene un campo energético de protección 24 horas al día, mientras lo protejas en armonía. También se invoca diariamente con los «Decretos de Corazón, Cabeza y Mano», y puede ser reforzado cuando sea necesario.

La llama trina de la vida es la chispa divina proyectada desde la Presencia YO SOY como el don de la vida, la conciencia y el libre albedrío. Está sellada en la cámara secreta del corazón para que por medio del Amor, la Sabiduría y el Poder de la Deidad ahí afianzados, el alma pueda cumplir su razón de ser en el plano físico. Denominada asimismo la llama Crística y la llama de la libertad, o flor de lis, es la chispa de la Divinidad del hombre, su potencial para convertirse en Cristo.

El cordón de plata (o cristalino) es la «corriente de vida» que desciende del corazón de la Presencia YO SOY hacia el Santo Yo Crístico para alimentar y sostener (a través de los chakras) al alma y a sus vehículos de expresión en el tiempo y el espacio. A través de este cordón «umbilical» fluye la energía de la Presencia, que entrando al ser del hombre por la coronilla da ímpetu a la pulsación de la llama trina, así como al latido del corazón físico.

Cuando se cumple un ciclo de encarnación del alma en la forma material, la Presencia YO SOY retira el cordón de plata, tras lo cual la llama trina regresa al nivel del Cristo y el alma envuelta en la vestimenta etérica gravita al nivel más alto que su logro permita, donde recibe instrucción entre encarnaciones hasta su encarnación final, cuando la gran ley decrete que ya no tendrá que regresar.

La paloma del Espíritu Santo que desciende del corazón del Padre se muestra encima de la cabeza del Cristo. Cuando el hijo del hombre se reviste con la conciencia de Cristo y se convierte en ella, como hizo Jesús, entonces se funde con el Santo Yo Crístico. El Espíritu Santo está en él y las palabras del Padre, la amada Presencia YO SOY, son pronunciadas: «Éste es mi Hijo amado, en quien tengo complacencia»[1].

-3-

La superación del miedo mediante los decretos

por el Señor Maitreya

La afirmación «El perfecto amor echa fuera el temor»[1] es cierta, porque puede comprobarse científicamente como demostración de la ley cósmica. Aunque es difícil para los seres humanos, formados en el molde de la conciencia humana, percibir la completa perfección de Dios que se encuentra en ellos mismos, es mediante el entendimiento del amor perfecto como todo hombre y mujer puede alcanzar el nivel en el que comprenda que el amor es la esencia de la Individualidad.

El amor perfecto del que estoy hablando es el amor que emana del Dios Padre/Madre, desde la esencia misma del verdadero Ser. Y es este amor el que, cuando es invocado por las criaturas de Dios por medio del decreto divino, disuelve y consume instantáneamente todo temor y duda, toda ansiedad y frustración, y la sensación de soledad que la humanidad ha adquirido mediante la percepción de estar separada de la Fuente de la vida.

El velo que colgaba en el antiguo templo hebreo entre el sanctasanctórum y el lugar santo[2] simboliza el velo del Mediador Divino que protege la perfección de Dios de la imperfección del hombre. Éste es el velo autorizado por Dios para proteger el altar del fuego sagrado en el lugar santísimo, donde sólo el Sumo Sacerdote, el Ser Crístico de cada uno, puede entrar. Este velo impide que se introduzcan en el sanctasanctórum a aquellos cuya conciencia todavía tiene que elevarse para el ritual de entrada a la mente Crística.

Existe otro velo que separa al hombre de su Dios. Es un velo de energía compuesto por un campo energético de pensamientos y sentimientos mortales que el hombre teje con su propia discordia. Este velo se ha convertido en un muro de separación entre la conciencia evolutiva del alma en el hombre y la Gran Llama Divina que enfoca la energía vital del Ser Real dentro del corazón.

De esta forma, el hombre se ha separado por sí mismo de la sede de misericordia y del arca del testimonio de su identidad Crística. Y durante siglos, este velo de energía lo ha privado eficazmente de la verdad de su propio ser y de la Presencia de Dios. Por tanto, es el hombre mismo quien tiene que rasgar el velo[3] de su conciencia mortal —de la cual es autor único— antes de que se le pueda impartir la sabiduría de la ley.

Así, cuando abordamos el tema del miedo y la superación del mismo mediante la invocación del fuego sagrado que arde en el altar del sanctasanctórum del ser del hombre, tenemos que entender que las energías que componen el velo —ya sea que aparezcan como orgullo, dureza de corazón, prejuicio, odio, gula o codicia humana— pueden reducirse a un denominador común, que en este discurso expongo como el miedo.

Este miedo es la ansiedad y la incertidumbre que emergen desde lo profundo de las entrañas de la conciencia humana en el momento en que ésta se separa de Dios. De este temor se deriva toda forma oscura, toda manía y toda influencia maligna, de las que la raza humana es heredera.

En verdad se puede decir que existen islas de sustancia densa, o contaminación psíquica, ubicadas dentro de la conciencia de la humanidad. Bajo ciertas condiciones, siempre acompañadas de alguna explosión de energía emocional, estas islas —repito, bultos conglomerados de temor y sus componentes— se unen rápidamente con el continente de negación en la conciencia colectiva del mundo, amplificando al mismo tiempo los moméntums de negación que existen en el mundo del individuo.

Esto resulta en una gran inundación de mareas de desdicha, causada por una intensificación de aquellas cualidades y condiciones que son exactamente lo contrario del plan celestial. San Pablo expresó el dilema de estas motivaciones y moméntums subconscientes al decir: «No hago el bien que quiero, sino el mal que no quiero, eso hago»[4].

¿Qué puede hacer, pues, el discípulo de nuestros tiempos para protegerse a sí mismo del intento maligno y la acción maligna que encuentra manifestados en sí mismo y en el mundo en general? ¿Qué medidas prácticas puede emplear para contrarrestar dichas tendencias? ¿Cómo puede aislarse de las influencias de las manifestaciones que son todo menos benignas, ya sean internas o externas?

«Y sobre todas tus posesiones, adquiere inteligencia»[5], fue el consejo que dio un sabio hijo de Dios. Él estaba consciente de la necesidad de entender el significado de la vida tanto dentro como fuera de sí mismo.

Las aulas de la Tierra contribuyen al entendimiento del hombre acerca del mundo externo. La filosofía y la psicología, así como la ciencia y la religión, fomentan hasta cierto grado la comprensión que el hombre tiene de sí mismo. Sin embargo, existe un sinnúmero de deficiencias en estas disciplinas, y la confusión y la desdicha colectivas de la actualidad, a niveles físicos, mentales y aun espirituales, confirman este hecho.

¿Qué es, entonces, el miedo? En primer lugar, el miedo es una vibración —una vibración negativa—, una sensación de mala interpretación de la vida y sus propósitos. Pero es más que eso: es una mala costumbre.

Muchas de las experiencias repetitivas de la humanidad han sido indeseables; por tanto, los hombres, conscientes de que puede sobrevenirles el llamado mal recelan de su futuro. Se preguntan si tendrán éxito y si serán capaces de retenerlo una vez que éste les sea concedido. El recuerdo de los fracasos pasados mantiene vivos, por tanto, los registros del miedo en el presente.

La comprensión del verdadero plan del Padre siempre es benéfico para extirpar el miedo del mundo de un individuo.

Hace mucho tiempo Jesús declaró: «A vuestro Padre le ha placido daros el reino»[6].

Ahora bien, cuando el demonio, personificando las tentaciones negativas del mundo, lo llevó a lo alto de una montaña mostrándole todos los reinos del mundo, le dijo: «Todo esto te daré si postrado me adorares»[7]. Jesús replicó: «Vete, Satanás, porque escrito está: al Señor tu Dios adorarás y a él solo servirás»[8].

Al analizar su respuesta, entendemos que la Palabra de Dios es el baluarte de la fuerza del hombre contra el miedo y la negación. Efectivamente, la Palabra de Dios —afirmada como un decreto divino y reafirmada por el hombre en defensa de la rectitud y de la verdad— supera toda tentación.

Jesús sabía también que toda promesa de felicidad con la que la mente carnal pudiera tentar al hijo de Dios ya había sido realizada por el Padre Celestial. Por consiguiente, él le dio una severa reprimenda al diablo, superando así el ímpetu planetario de un materialismo exento de Dios. Él venció la tentación de seguir la vida mundana con la plena fuerza del Logos: «¡Al Señor tu Dios adorarás y a él solo servirás!»

La afirmación «a vuestro Padre le ha placido daros el reino», muestra a la humanidad que el designio divino para todo hombre y mujer es que cada uno tenga no sólo abundancia de toda cosa buena, sino también de todo el bien del que pueda beneficiarse en cualquier momento, por cualquier razón, en cualquier lugar. ¿Qué es, entonces, lo que tenemos que temer, excepto el miedo mismo?

Jesús dijo: «Yo he venido para que tengáis vida, y para que la tengáis en abundancia»[9]. Éste es el mensaje del Verbo de Dios a toda vida. ¿Por qué, entonces, permiten los hombres que se les prive de los dones y de las gracias celestiales por medio del miedo y de otras vibraciones negativas que acosan el subconsciente colectivo de la raza?

Si me permitís parafrasear a uno de vuestros poetas: «Dibujé un círculo y lo excluí a Él. Él dibujó un círculo y me incluyó en él»[10], quisiera señalar el hecho de que el Yo Divino es el iniciador del yo humano, y de que todas las experiencias que ocurren en la vida del hombre tienen el propósito de pulir

el «diamante en bruto» de su identidad, a fin de que este bendito diamante pueda colocarse debidamente a plena vista del
universo en una montura apropiada. Refiriéndose a esto, Jesús
dijo: «Vosotros sois la luz del mundo; una ciudad asentada
sobre un monte no se puede esconder»[11].

Ahora bien, es cierto que las manifestaciones tenebrosas y
de vidas desdichadas e infructuosas que revelan desesperación
interna no son adecuadas para ser exhibidas como arquetipos
de perfección. Por esto el amado Jesús y los grandes maestros
se presentan a la conciencia de la humanidad como ejemplos
dignos de imitarse. Porque su ejemplo es el de la acción que
pone en práctica la llama del Cristo en pensamientos, palabras
y obras.

Sin duda alguna, no es el plan del Padre privar a ningún
hombre de la posibilidad de ir y hacer lo mismo[12]. Es el deseo
de la Gran Hermandad Blanca dar a conocer que Dios ha usado
todos los ejemplos espirituales para inspirar al hombre con las
grandes posibilidades que en realidad están dentro de él mismo.

Eliminar el miedo es eliminar la profundamente arraigada
resistencia al flujo y a las posibilidades de la luz en el ser del
hombre. Eliminar el miedo es un acto de Dios, porque Dios no
lo implantó en el hombre. El miedo fue aceptado por el hombre
mediante su ignorancia de la ley y su incredulidad, mediante
una falta de conocimiento de la ley y de cómo manejar sus
muchas facetas. La desesperación se generó en el hombre en
momentos en que el plan divino, o no fue percibido en absoluto, o sólo nebulosamente, porque entonces el hombre supuso
que estaba solo en el universo.

En esta disposición de ánimo de persistente soledad, escasamente se dio cuenta la humanidad del verdadero significado
de su identidad. Por falta de sintonía con la Deidad, entró en una
vibración inferior, la cual, debido a sus conceptos ensombrecidos
e ideas lóbregas, no sólo es limitada y autolimitante, sino que
además está llena de elementos de autocompasión.

El acto de sintonizarse con el Padre, la Presencia YO SOY,
es el primer paso para desarraigar el miedo. Todos los hombres
y mujeres tienen que reconocer que debido a que en el pasado

han pensado equivocadamente, sólo ellos pueden rectificar sus pensamientos y pensar correctamente en el presente.

Ellos han considerado al individuo como el centro del Ser universal. Esto sólo es verdad parcialmente. Los hombres tienen que considerarse como centrados en Dios, en vez de centrados en el ego, y tienen que considerar al Dios individualizado en la presencia

YO SOY como el verdadero centro de su ser. Tienen que considerarse a sí mismos como la manifestación de esta perfección y no como su fuente creadora.

No es blasfemia considerar a Dios como centro y origen de la vida, porque la blasfemia está relacionada con la desesperación de la humanidad y con la degradación de la creación de Dios dentro de sí misma. Esta mentalidad trata de negar la creación inmortal afirmando que el hombre es tan inferior a Dios que de ninguna manera fue creado según la imagen inmortal[13]. Y esto despreciando las Sagradas Escrituras. Pero ¿acaso no declaró el Señor en medio de la congregación: «Yo dije, vosotros sois dioses, y todos vosotros hijos del Altísimo»?[14].

¿No os dais cuenta, bienaventurados, que al reconocer que el hombre fue hecho a la imagen de Dios y al afirmar el hecho de que el plan de perfección del Padre es diseñado para él, y que la virtud y la abundancia son la debida porción que le corresponde, la humanidad es capaz de escapar de los sentimientos de miedo y carencia? La abundancia es la herencia divina y encierra en sí la consagración no sólo a las cosas de Dios, sino además a los ideales de Dios. De esta forma, la búsqueda de la vida abundante inspira consagración a la vida divina.

El hombre experimenta miedo a la muerte cuando piensa que ya no formará parte de la gran corriente principal de lo conocido que en su limitada condición conoce como vida. Cuando entiende que las experiencias del nacimiento y la muerte no difieren la una de la otra, entonces comprende que lo que en verdad es Vida no puede morir; entonces entiende que toda experiencia no es sino un mar que el hombre cruza hacia mayores oportunidades.

Los hombres no le temen al nacimiento, dado que en general,

hasta el momento en que ocurre, simplemente no saben con objetividad lo que va a suceder exactamente. La transferencia desde las octavas superiores a una forma física se efectúa sin dolor alguno, y sería lo mismo con la partida del hombre del escenario de la vida si éste estuviera libre del miedo.

Las profundidades de las riquezas de la sabiduría de Dios[15] no son evidentes para los hombres que tratan de encontrarlas solamente en imágenes idólatras, moldeadas a semejanza suya o a la de su prójimo. A menudo, la gente elige a un contemporáneo o a una personalidad histórica y la coloca en un pedestal como ejemplo de virtud. Puede ser una madre, un amigo o un personaje muy conocido.

Si se da el caso de que se le descubra un rasgo o característica humana a esta persona, a la que se ha idealizado tanto, los hombres sienten, a veces, que el mundo se les derrumba. Un ídolo caído los conduce a un estado de agobiante desesperación y frustración. Ellos razonan: «Si este individuo no es bueno, entonces ¿quién es bueno?» Jesús replicó al hombre que lo llamó Maestro bueno: «¿Por qué me llamas bueno? Ninguno hay bueno sino uno: Dios»[16].

Las preguntas y dudas con respecto al prójimo que surgen con turbulencia insana, crean una acción vibratoria que no fomenta un razonamiento claro. El plan de Dios es disipar el miedo y dar al hombre mayor claridad, confianza y poder espirituales por medio de la visión del Cristo como la verdadera identidad de todos los hombres. El Espíritu Santo está a la entrada del corazón de todo hombre, dispuesto a iniciarlo en una alegría mayor y más duradera, la alegría del Ser Eterno.

Ahora bien, la mayoría de vosotros estáis familiarizados con la construcción de un electroimán simple. Sabéis que se enrolla un núcleo de hierro con alambre por el cual pasa una corriente, lo que permite que el campo magnético se extienda en líneas concéntricas de flujo y atraiga objetos muy cerca de la bobina. De igual forma, la vibración del miedo (la bobina energetizada) conservada, sostenida o prolongada por un individuo atrae hacia éste el miedo de los demás.

Ha de reconocerse que, cada vez que la conciencia del hombre vuelve sobre la idea del recelo, el miedo, como un factor desconocido, es entonces reforzado; porque el magnetismo del miedo está directamente relacionado con el número de veces que la idea temida es enrollada alrededor de la bobina del ser, tal como cada giro del alambre alrededor del electroimán incrementa el número de vueltas a través de las cuales pasa luego la corriente, reforzando así el poder del imán.

Cuando la humanidad repite continuamente las ideas de temor o miedo, refuerza el campo magnético que atrae el objeto de su temor a la órbita de su mundo. Por eso Job declaró: «Porque el temor que me espantaba me ha venido, y me ha acontecido lo que yo temía»[17].

¿Cuál será, pues, el resultado de la acción vibratoria de incontables años, días, horas, momentos y vidas de pensamientos y sentimientos erróneos? A menudo, los temores se han convertido en galaxias de destrucción dentro del universo del individuo. ¿Cuál es la mejor forma de eliminarlas? ¿Cuál es la mejor forma de detenerlas? ¿Cómo se puede extraer de ellas las energías vitales de la Vida y retornarlas al corazón del Creador para su repolarización?

Prestad atención, hijos míos, a las palabras del Iniciador, Maitreya; porque os hablaré de una idea sencilla, que desafortunadamente parece compleja porque los niños de los hombres prefieren considerarse a sí mismos como adultos maduros. Pero aunque algunas veces actúan como niños, no siempre pueden encontrar en sus corazones la sencillez necesaria que la Gran Ley requiere de ellos para que «se hagan como niños»[18] y puedan entrar en el reino eterno.

Por tanto, voy a hablaros de la eficacia de los decretos, no sólo para eliminar el miedo, sino también para eliminar toda condición desalentadora y detractiva dentro de la conciencia humana a la que alguna vez tengan que enfrentarse. Porque la Palabra de Dios es poder: es el decreto divino que el hombre da al unísono con la voz del Ser Eterno, quien proclama la Ley eterna de Su ser.

Debido a que la densidad humana varía de persona a persona —de tal manera que un individuo puede manifestar un tremendo peso de negación, mientras que otro puede estar relativamente cerca de su perfeccionamiento—, se dará el caso de que no todos los individuos pueden esperar exactamente los mismos resultados del uso de los métodos espirituales, incluso de aquellos por los que yo abogo. No obstante, todos pueden obtener gran beneficio al dar los decretos, aun a niveles subconscientes, porque la luz, que es invocada a través de la acción de dar los decretos, penetra hasta el núcleo mismo del ser.

Consideremos ahora los principios básicos para eliminar el miedo. Si la intensidad del miedo está directamente relacionada con el número de vueltas que el objeto de temor ha dado, entonces, ¿no sería bueno desenrollar cada vuelta de alambre en el polo del ser? ¡Os pregunto en nombre de Dios!

Reconozcamos, pues, que por medio del poder del Espíritu Santo, y mediante el uso de pensamientos y sentimientos que están de acuerdo con los principios divinos, el hombre es capaz de eliminar la imperfección de siglos y anular esas energías viciadas que nunca fueron parte de la creación de Dios.

Es maravilloso contemplar «el poder de Dios para su salvación a todo aquel que cree»[19]. Cuando el aspirante sincero empieza a ejercer este poder para librarse de esas condiciones limitantes que ha creado en la ceguera de su ignorancia, da una señal a Dios para que le preste ayuda en medida extraordinaria por medio de esas inteligencias espirituales que Él ha nombrado para impartir justicia a la humanidad.

«Venid luego, dice el Señor, y estamos a cuenta: si vuestros pecados fueran como la grana, como la nieve serán emblanquecidos; si fueren rojos como el carmesí, vendrán a ser como blanca lana»[20].

La idea contenida en esta promesa de la ley muestra que a pesar de que los hilos en el vestido del subconsciente de la humanidad estén teñidos con la intensidad de la grana por las energías de la mortal creación errónea, no obstante, por medio del poder de la transmutación, la luz infalible de Dios blanqueará estos hilos y purificará la conciencia hasta que sean más blancos de lo que la humanidad pudiera imaginarse en su estado de imperfección.

Entonces, los hombres contemplarán la radiante perfección del Ser, manifestada como el vestido sin costuras del Cristo viviente[21], que los envuelve con un resplandor cada día mayor a fin de que puedan ocupar sus lugares en el plan universal como hombres justos perfeccionados por el amor[22].

Por tanto, el decretar de acuerdo con el plan divino significa producir una renovación de ese moméntum de perfección que Dios sembró originalmente en el corazón humano. Los decretos son una magnífica ayuda para reforzar el poder de luz, la vida y el amor que se encuentran dentro del hombre.

Sé muy bien que muchas personas hoy en día, como en épocas pasadas, tienden un poco a ridiculizar lo que no comprenden totalmente. Algunos dirán que no creen en la vana repetición de palabras, especialmente cuando esas palabras son pronunciadas a toda voz, en forma dinámica a todo volumen.

Permitidme deciros, amados míos, que la verdad siempre es más extraña que la ficción. Indudablemente, la simple repetición vana de palabras en sí es completamente ineficaz, como enseñó Jesús[23]. Por tanto, la premisa equivocada existe en la mente de aquellos que suponen que el decretar es un acto vanamente repetitivo.

Que los que deseen aprender la verdad divina hagan de momento a un lado sus propias ideas, mientras explico —a aquellos que con el propósito de recibir esta lección estén dispuestos a convertirse en niños pequeños— la importancia de usar en nuestros días los métodos del decreto dinámico.

Que los que así lo deseen, asuman la responsabilidad kármica de enseñarles a los hombres que el dar decretos dinámicos es innecesario. Es cierto que para un número muy reducido de personas, las cuales debido a ciertas facultades espirituales no requieren de tanta transmutación como otras, dar decretos dinámicos no es tan necesario como lo es para aquellos que se encuentran en un estado inferior de evolución. Sin embargo, hasta que salden el cien por cien de su karma —hasta que paguen completamente sus deudas con la vida—, indudablemente pueden beneficiarse dando los decretos; porque los decretos que invocan la llama violeta son un método para saldar el karma, para invocar el fuego sagrado hasta que se cumpla cada jota y tilde de la ley del karma[24].

Es cierto que algunos pueden sentir que el dar decretos dinámicos los incomoda al principio, simplemente porque ya han adquirido un hábito de gran quietud en su comunión con Dios. Sin embargo, incluso éstos, si así lo desean, pueden decidir poner a un lado todas las demás condiciones y preocupaciones, adquiriendo un beneficio sin igual de los decretos hechos apropiadamente.

Varios sistemas de meditación yoga ofrecen métodos por medio de los cuales se puede apaciguar la mente del hombre, alcanzando una mayor sintonía con lo Divino. Algunos de estos métodos pueden ser fortuitos cuando los aplica el hombre occidental, dado que realmente requieren de la persona que los emplea una avanzada disciplina mental y espiritual. En cambio, los decretos son relativamente simples de dominar una vez que se entiendan los principios básicos, y además son mucho más eficaces.

Hay que entender que los decretos dados sin sentimiento ni pensamiento no producirán la plena perfección a la que están destinados; porque el hombre tiene que tener en su conciencia los modelos correctos de pensamiento y sentimiento que sirvan de receptáculos para las energías que él invoca de la Deidad.

Los decretos formulados de acuerdo con la ciencia de la Palabra hablada empiezan con un preámbulo. Estos preámbulos dirigen la atención y las energías del que decreta hacia su Presencia YO SOY (el Yo Divino interno) y hacia su Santo Ser Crístico (la identidad Crística), así como hacia los seres cósmicos que han logrado enorme progreso en el reino de Dios.

Estos preámbulos invocan el máximo beneficio (es decir, invocan la bondad de Dios mediante una súplica hecha a las jerarquías del cielo en el nombre de Dios y de Su Cristo) para que afiancen sus energías y su amor a fin de amplificar, a niveles de casi ilimitada comprensión, la acción del decreto a medida que se manifiesta en el mundo del tiempo y el espacio.

El llamado, dado con fervor y amor, invoca automáticamente las energías de las huestes celestiales en beneficio del que da el decreto y de toda la humanidad. Además, los decretos son una afirmación indudable de la verdad que la mente del individuo puede seguir hasta llegar a un fin lógico. Y en este caso, es la finalidad del Logos, del Verbo que se hizo carne[25] por el poder de la Palabra hablada; es decir, por el poder de los decretos. Por ley cósmica, las ideas expresadas en palabras tienen que hacerse realidad cuando se dan en el nombre de Dios y con la autoridad de la llama Crística.

Cuando se dan los decretos, el uso del nombre de Dios, revelado a Moisés como «YO SOY el que YO SOY»[26], desencadena el poder del Altísimo en beneficio del que decreta y de todos los que están dentro de su esfera de influencia. Así, el decreto es imbuido con el poder de la Palabra, la Palabra hablada «sin la que nada de lo que ha sido hecho, fue hecho»[27].

El decreto, dado con reverencia, se convierte en un fíat divino y no en un simple deseo humano, o en una lucha de mentes dirigidas unas contra otras a través de la habilidad del intelecto humano, el control mental y la hipnosis mental; prácticas éstas que rayan en la magia negra, realmente peligrosas y que no tienen la autorización de la égida divina.

Algunos preguntarán: ¿cuál es la mejor forma de realizar el propósito del decreto divino? Quizás, dando los decretos lenta y enfáticamente al principio, hasta que se dominen las cadencias, permitiendo por tanto a la mente meditar sobre las bellas ideas contenidas en cada palabra y frase. Una vez absorbido el modelo mental, el centro del corazón puede emplearse para ampliar el concepto y entonces los sentimientos pueden desencadenar la carga del amor, la vida y la luz divinos que siempre se invocan mediante los decretos de los Maestros Ascendidos.

Las facultades de la mente y el corazón —especialmente su capacidad de magnetizar las energías curativas del fuego sagrado— se desarrollan y expanden mediante el uso armonioso de los decretos. La necesidad de esta mutualidad se expresa en el mandamiento «amarás al Señor tu Dios con todo tu corazón y con toda tu alma y con todas tus fuerzas y con toda tu mente, y a tu prójimo como a ti mismo»[28]. Los decretos son una expresión dinámica del amor que uno tiene por el Señor a medida que este amor se confiere a través de todo aspecto y potencial del ser.

El dar los decretos tiene siempre el fin de otorgar un beneficio a uno mismo y a su prójimo. La cuestión de «¿quién es mi prójimo?» se ha explicado en incontables parábolas y en escritos maravillosamente inspirados, en los que la humanidad se ha complacido ya por mucho tiempo. Ahora se ha generalizado más el conocimiento de que cualquier persona que cumple con la voluntad de Dios es el hermano, hermana y madre de toda la vida[29], y de que todos los hombres son hermanos en el Dios Padre-Madre.

Las doctrinas de la mayoría de las religiones apoyan la declaración «YO SOY el guardián de mi hermano»[30]; y así es como debería ser, si nos damos cuenta de que en realidad toda vida es una sola. El corolario científico de esta verdad se encuentra en la declaración de Jesús: «En cuanto lo hicisteis a uno de estos mis hermanos más pequeños, a mí lo hicisteis [a la identidad Crística de todos los hombres]»[31].

Todo decreto dado en el nombre de Cristo en beneficio de «estos mis hermanos más pequeños», bendice al Cristo en todos los seres humanos que componen el Cuerpo del Señor. En verdad, todo lo que bendice a una de las manifestaciones del Cristo, bendice a todas las manifestaciones del Cristo.

Una vez que la conciencia se expanda suficientemente, los sentimientos se eleven, los pensamientos se espiritualicen y el decreto se transforme en una melodía dentro del corazón y del alma, entonces se puede emplear mayor velocidad para intensificar las vibraciones del aura y del medio ambiente. El incremento de las vibraciones debería estar siempre guiado por la voz interna del corazón y nunca por la voluntad humana o por un espíritu de competencia.

Aquellos que están familiarizados con la ley del ritmo, están conscientes del hecho de que se descarga un gran poder cuando, en una determinada acción, muchas personas unen sus energías y sus voces en una emisión dinámica. Sabemos que las antiguas naves de los griegos y de los romanos eran impulsadas por remeros que, a ambos lados de la nave, se alternaban remando, siguiendo el mesurado compás del maestro remero.

Sin ninguna duda, la destrucción de los muros de Jericó[32] demostró el poder de los decretos rítmicos, acompañados del ritual de la circunvolución. Manifestaciones de masas, multitudes vitoreantes, el ritmo de marcha de un ejército y el compás del tambor de la jungla son ejemplos del uso y del abuso de esta ciencia por parte de la humanidad. El ritmo de los decretos es sumamente importante; y las personas que dan estos decretos más lentamente tienen que tener paciencia, a fin de que, cuando se junten con grupos acostumbrados a un ritmo más rápido, se den cuenta de que un determinado momento habitual ya fue desarrollado por los individuos que, a través de años de dedicación, pueden haber liberado una mayor concentración de energía a través del hábito de decretar y sus invocaciones metódicas.

Es de esperar que la aceleración de la descarga de energía, al hacer uso de estos decretos, tenga como resultado una cierta sensación de incomodidad en aquel que asiste por primera vez. Ésta es una incomodidad que debe soportarse con buen ánimo, porque hasta que el individuo haya vencido este obstáculo, prestando su servicio personal a la vida y dando decretos correctamente en su hogar, tiene que estar dispuesto a seguir a aquellos que han desarrollado mayor facilidad en este arte. No obstante, los que son más idóneos y tienen mayor facilidad deben mostrar paciencia, adaptando a veces su compás para beneficio y bienestar del principiante.

Sin embargo, amados míos, considerad lo que pasaría si se os pusiera en una orquesta sinfónica y se os pidiera que tocarais un instrumento que no hubierais tocado antes. Si se esperara que tocarais en perfecta armonía con esa orquesta, os resultaría imposible hacerlo. Si os dejaran permanecer, sería por gracia del director; y se esperaría de vosotros que practicarais hasta que hubierais alcanzado un estado de armonía con el conjunto, en vez de esperar que éste redujera su actividad al cociente de vuestro entendimiento.

Estoy presentando esta instrucción con el propósito de contactar a los nuevos estudiantes que The Summit Lighthouse atrae a la jerarquía y también para iluminar a aquellos que a lo largo de los años han dudado repetidas veces de la eficacia de los decretos.

Permitidme decir aquí —por ahora y todo el tiempo venidero que preceda a la plena manifestación de la Era de Oro— que los decretos siempre serán un método sencillo y eficaz de obtener gran gracia de Dios, que ayudan a desenrollar las espirales de negación de la psique humana, a librar a la humanidad de los efectos de toda fabricación inadecuada y a establecer permanentemente un sentimiento de armonía dentro de toda corriente de vida.

No existen palabras que puedan describir adecuadamente el maravilloso sentimiento de paz, júbilo, libertad y felicidad que se confiere a esos estudiantes avanzados que han dominado la técnica de decretar. Por tanto, yo, Maitreya, deseo inspirar a todos los chelas de los Grandes Seres una poderosa esperanza con respecto a su futuro.

Si dais vuestros decretos no sólo rítmica, sino también correctamente, iréis acumulando para vosotros tesoros en el cielo[33] y haciendo posible que millones de hombres, atrapados en las corrientes de crueles emociones y sentimientos discordantes, escapen y encuentren su libertad. Con pulso acelerado y gran esperanza, ellos, como fugitivos que evaden el Muro de Berlín, verán satisfechos finalmente los anhelos de sus almas gracias a las preciosas ofrendas de vuestros corazones.

Algunos, indudablemente, a causa de su ignorancia, no estarán de acuerdo con los preceptos del Altísimo y seguramente tampoco con mis enseñanzas. Sin embargo, no me estoy dirigiendo a los que no están dispuestos a ser enseñados. A los que están dispuestos a aceptar las grandes verdades de la Vida, les digo con las palabras del Cristo: «Porque me has visto, creíste; bienaventurados los que no vieron y creyeron»[34].

Hoy os digo, entonces, que os cuesta muy poco esfuerzo tratar de decretar correcta y fielmente. Por consiguiente, os insto a que tratéis de entender el significado de los decretos y a que practiquéis lo suficiente hasta que tengáis la habilidad de establecer, por medio de los decretos, el poder de Dios en vuestros mundos como uno de los más afortunados moméntums de virtud cósmica.

Esto no sólo dará por resultado que os libraréis del miedo y de su consiguiente preocupación, sino también que estableceréis tal clima de amor y servicio divinos que os proporcionará una felicidad ilimitada en todos los días por venir. Vuestra transición, ya sea a través de ese velo que el hombre llama muerte o entrando directamente en el resplandor de vuestra ascensión a una mayor luz, se llevará a cabo con mayor facilidad si mantenéis elevada vuestra sintonía mediante el poder de vuestros decretos.

¿Cuál es la diferencia entre los decretos y la oración? Amados míos, la oración es maravillosa, pues por medio de ella, como una comunión con Dios, la gracia del Señor desciende al corazón del que está suplicando. Sin embargo, para obtener una emanación vital del poder del Todopoderoso, la oración no puede compararse con el decreto dado con maestría.

La oración basada en el miedo tiene su origen en una era en que la humanidad aún no estaba en condiciones de comprender las implicaciones de la relación de su alma con su identidad divina. El concepto de un hombre humillándose ante su Dios proviene de su antiguo patrimonio. El pasado, tejido una y otra vez con el olor mohoso de la podredumbre humana, es el registro del descenso del hombre desde un estado consciente de la Individualidad inmortal al de una Individualidad mortal.

La ciencia de la Palabra hablada revelada por los Maestros Ascendidos devuelve a la humanidad de esta era el arte olvidado de decretar que empleaban los hijos e hijas de Dios en las primeras eras de oro de la historia de la Tierra que antecedieron a la caída tanto de la Atlántida como de Lemuria. La práctica de esta ciencia os proporciona el camino de retorno a vuestro destino original en la perfección que existía antes de la expulsión del Paraíso.

En pocas palabras, los decretos tienen su premisa en la ley de la perfección y en el hombre, como el ser amado de Dios, mientras que la oración presupone al hombre en un estado imperfecto, un estado de condenación y confinamiento.

En estos días de la conciencia ascendente de Cristo, cuando la Tierra está pasando por iniciaciones más elevadas, el devoto sincero también extiende sus manos hacia las glorias de la Era de Oro. La gran emanación de luz que se desprende cuando se dan los decretos permite a la humanidad, por la gracia de Dios, poseer aquí y ahora un poder extraordinario para usarlo en su servicio a la mayor luz de Dios y para manifestar Su reino en la Tierra. Las invocaciones y los decretos son métodos para emplear el fuego sagrado de la energía humana en beneficio de su bendita divinidad.

¿Aceptaréis este método de liberación para vosotros mismos? Venid, entonces, como niños pequeños y unid vuestras voces a las de los coros celestiales que cantan en rítmica armonía: «YO SOY el Señor tu Dios, que te saqué de la tierra de Egipto, de casa de servidumbre»[35].

~4~

Decretos de Corazón, Cabeza y Mano

por El Morya

Dedicatoria

«¡Decretarás una cosa y se te manifestará!»[1].

En todo momento cada hombre o mujer crea su propio futuro. La vida, que es un don otorgado por Dios, actúa continuamente para satisfacer los deseos del hombre, expresados o no. Los pensamientos y sentimientos humanos son en sí mismos decretos y producen con certeza y justicia, de acuerdo con su naturaleza, alegría o pesar.

Aunque vive en un mar de sabiduría, la mayoría de los hombres crea en la ignorancia. Sus vidas, por consiguiente, son una mezcla de bien y de mal, una caótica expresión de la llamada rueda de la fortuna.

Porque creo que tanto hombres como mujeres honestos desean salir del cautiverio autoimpuesto y librarse de las infelices cualidades humanas de pensamiento y de sentimiento —largamente soportadas pero no curadas—, estoy ofreciendo estos decretos al mundo en el brillo solar del amor divino y de la luz. Su uso constante y fiel sembrará la siempre fértil tierra de la conciencia humana con semillas de gracia y brotes de misericordia.

Éstos, a su vez, producirán la cosecha de una nueva vida, una cosecha personal de armonía y abundancia, rápidamente manifestada en respuesta a vuestro llamado, a través del crecimiento individual y de la expansión del fuego sagrado de Dios.

Al igual que el bálsamo de Galaad, estos decretos ungirán las fatigadas almas de los hijos de la Tierra y enlazarán los corazones humanos a las huestes ascendidas, haciendo de lo humano y de lo divino una familia que puede establecer y establecerá para siempre la paz y la victoria en la Luz de Dios que nunca falla.

Al observar diariamente el ritual de invocaciones y decretos, aceptad mi bendición dada personalmente desde el Retiro de la Voluntad de Dios, aquí en Darjeeling, en nombre de la Gran Hermandad Blanca: de corazón, cabeza y mano.

YO SOY

El Morya Khan

Vondir!

Los Maestros Ascendidos dictaron estos decretos en inglés. Sus discípulos deberían emplear la ciencia de la Palabra hablada en esta lengua, ya que el inglés es la lengua que la Hermandad eligió para sus discípulos en la nueva era. La traducción se incluye aquí para facilitar la comprensión.

Los decretos en español no son un sustituto de los originales en inglés. Sin embargo, el lector puede darlos en español hasta que los domine en inglés.

Así como los maestros del Lejano Oriente esperan que sus discípulos reciten sus mantras en sánscrito, el idioma del gurú, también los Maestros Ascendidos esperan que sus discípulos en todo el mundo hagan el esfuerzo por dominar los decretos en inglés, con el fin de que todos los devotos en el mundo entero puedan reunirse en cualquier nación y decretar al unísono, pues son uno en el cuerpo de Dios y uno en corazón, alma y mente.

El Morya

Fuego Violeta

Corazón

> ¡Fuego Violeta, divino Amor,
> Llamea en este mi corazón!
> Tú eres Misericordia por siempre verdadera,
> En armonía manténme contigo siempre. (3x)*

Cabeza

> YO SOY Luz, tú Cristo en mí,
> Libera mi mente por siempre;
> Fuego Violeta, brilla por siempre
> En lo profundo de esta mi mente.
> Dios que me das el pan de cada día,
> Con Fuego Violeta llena mi cabeza
> Hasta que tu celestial resplandor
> Haga de mi mente una mente de Luz. (3x)

Mano

> YO SOY la mano de Dios en acción,
> Logrando la Victoria cada día;
> La gran satisfacción de mi alma pura
> Es caminar por el Camino Medio. (3x)

---

*Repetir tres veces cada parte.

Violet Fire

Heart

> Violet fire, thou love divine,
> Blaze within this heart of mine!
> Thou art mercy forever true,
> Keep me always in tune with you. (3x)*

Head

> I AM light, thou Christ in me,
> Set my mind forever free;
> Violet fire, forever shine
> Deep within this mind of mine.
>
> God who gives my daily bread,
> With violet fire fill my head
> Till thy radiance heavenlike
> Makes my mind a mind of light. (3x)

Hand

> I AM the hand of God in action,
> Gaining victory every day;
> My pure soul's great satisfaction
> Is to walk the Middle Way. (3x)

---

*Give each section three times.

Tubo de Luz

Resplandeciente amada Presencia YO SOY,
Sella a mi alrededor tu Tubo de Luz
De llama Maestra Ascendida
Invocada ahora en el propio nombre de Dios.
Haz que mantenga mi templo libre
De toda discordia enviada a mí.

YO SOY el que invoca el Fuego Violeta
Para que arda y transmute todo deseo,
Persistiendo en el nombre de la Libertad
Hasta que yo sea uno con la Llama Violeta. (3x)

Perdón

YO SOY el Perdón aquí actuando,
Arrojando toda duda y temor,
Liberando a los hombres por siempre
Con alas de Victoria cósmica.

YO SOY el que invoca con pleno poder
El Perdón a toda hora;
A toda vida y en todo lugar
Infundo la Gracia del perdón. (3x)

Provisión

YO SOY libre de temor y duda,
Desechando toda pobreza y miseria,
Sabiendo ahora que toda buena Provisión
Siempre viene del reino en las alturas.

YO SOY la mano de la propia Fortuna de Dios
Derramando los tesoros de Luz,
Recibiendo ahora plena Abundancia
Para satisfacer toda necesidad de la Vida. (3x)

Tube of Light

Beloved I AM Presence bright,
Round me seal your tube of light
From ascended master flame
Called forth now in God's own name.
Let it keep my temple free
From all discord sent to me.

I AM calling forth violet fire
To blaze and transmute all desire,
Keeping on in freedom's name
Till I AM one with the violet flame. (3x)

Forgiveness

I AM forgiveness acting here,
Casting out all doubt and fear,
Setting men forever free
With wings of cosmic victory.

I AM calling in full power
For forgiveness every hour;
To all life in every place
I flood forth forgiving grace. (3x)

Supply

I AM free from fear and doubt,
Casting want and misery out,
Knowing now all good supply
Ever comes from realms on high.

I AM the hand of God's own Fortune
Flooding forth the treasures of light,
Now receiving full Abundance
To supply each need of life. (3x)

Perfección

YO SOY Vida de Dirección Divina,
Llamea tu Luz de la Verdad en mí.
Concentra aquí toda la Perfección de Dios,
De toda discordia libérame.

Afiánzame y mantenme así siempre
En la Justicia de tu plan;
¡YO SOY la Presencia de la Perfección
Viviendo la Vida de Dios en el hombre! (3x)

Transfiguración

YO SOY el que cambia todas mis vestiduras,
Las viejas por el resplandeciente nuevo día;
Con el Sol del Entendimiento
YO SOY el que brilla por todo el camino.

YO SOY Luz por dentro, por fuera;
YO SOY Luz en todas partes.
¡Lléname, libérame, glorifícame,
Séllame, sáname, purifícame!
Hasta que transfigurado me describan:
¡YO SOY el que brilla como el Hijo,
YO SOY el que brilla como el Sol! (3x)

Resurrección

YO SOY la Llama de Resurrección
Destellando Luz pura de Dios a través de mí.
Ahora YO SOY el que está elevando cada átomo,
De toda sombra libre YO SOY.

YO SOY la Luz de la plena Presencia de Dios,
YO SOY el que vive libre por siempre.
Ahora la llama de la Vida eterna
Se eleva hacia la Victoria. (3x)

Perfection

I AM Life of God-Direction,
Blaze thy light of Truth in me.
Focus here all God's Perfection,
From all discord set me free.

Make and keep me anchored ever
In the Justice of thy plan—
I AM the Presence of Perfection
Living the Life of God in man! (3x)

Transfiguration

I AM changing all my garments,
Old ones for the bright new day;
With the Sun of Understanding
I AM shining all the way.

I AM Light within, without;
I AM Light is all about.
Fill me, free me, glorify me,
Seal me, heal me, purify me!
Until transfigured they describe me:
I AM shining like the Son,
I AM shining like the Sun! (3x)

Resurrection

I AM the Flame of Resurrection
Blazing God's pure Light through me.
Now I AM raising every atom,
From every shadow I AM free.

I AM the light of God's full Presence,
I AM living ever free.
Now the flame of Life eternal
Rises up to Victory. (3x)

Ascensión

YO SOY la luz de la Ascensión,
Victoria fluyendo libre,
Todo lo Bueno ganado al fin
Por toda la eternidad.

YO SOY Luz; todo peso se ha desvanecido.
En el aire me elevo;
Vierto sobre todos con pleno Poder Divino
Mi maravilloso canto de alabanza.

¡Salve a todos! YO SOY el Cristo viviente,
El que siempre amando está.
¡Ascendido ahora con pleno Poder Divino,
YO SOY un Sol resplandeciente! (3x)

Ascension

I AM Ascension Light,
Victory flowing free,
All of Good won at last
For all eternity.

I AM Light, all weights are gone.
Into the air I raise;
To all I pour with full God Power
My wondrous song of praise.

All hail! I AM the living Christ,
The ever-loving One.
Ascended now with full God Power,
I AM a blazing Sun! (3x)

-5-

El poder de la Palabra hablada

por Saint Germain

Gentiles Amigos de la Libertad:

Cuando pensamos en métodos de realización Divina, no podemos excluir el poder de la Palabra hablada.

Durante muchos años, las llamadas religiones ortodoxas han usado ritual y ceremonia, junto con mantras hablados*. En Occidente, éstos fueron llamados responsorios porque requieren la contestación de la congregación, o la participación del público. En algunos casos, las oraciones de la humanidad se han convertido en vanas repeticiones carentes de significado; pero yo, por mi parte, preferiría ver a los individuos absortos en una simple rutina que enredados en formas erróneas de expresión vocal.

Es conveniente que el hombre comprenda el uso apropiado de los decretos. Jesús dijo una vez: «De toda palabra ociosa que hablen los hombres, de ella darán cuenta el día del juicio. Porque por tus palabras serás justificado y por tus palabras serás condenado»[1]. Los decretos no son palabras pronunciadas con descuido; son palabras escogidas meticulosamente. Y los modelos que recomendamos invocan el máximo beneficio para el hombre.

Generalmente, los decretos se componen de tres partes, y deberían considerarse como cartas a Dios:

---

*Véase «Definiciones de la Palabra hablada», página xxiii.

1. El saludo del decreto es invocatorio. Está dirigido a la Presencia de Dios individualizada en todo hijo e hija de Dios, y a los servidores de Dios que componen la jerarquía espiritual. Este saludo (el preámbulo del decreto), cuando se da reverentemente, es un llamado que exige la respuesta de Dios, y de los que han ascendido. No podríamos negarnos a contestar este llamamiento en nuestra octava, tal como en la vuestra un bombero no podría negarse a responder a una llamada de auxilio. El propósito del saludo, pues, es involucrar inmediatamente las energías de los Maestros Ascendidos en la contestación a la parte principal de vuestra carta a Dios, que con tanto amor pronunciáis individualmente o al unísono.

2. La parte principal de vuestra carta se compone de enunciados que expresan vuestros deseos, las condiciones que quisierais invocar para vosotros mismos o para otros, y las súplicas que se incluirían aun en la oración común. Una vez emitido el poder de la Palabra hablada por medio de vuestra conciencia externa, de vuestra mente subconsciente y de vuestra mente supraconsciente o Yo Superior, podéis estar seguros de que la conciencia suprema de los Maestros Ascendidos a quienes habéis llamado también está interesada en la manifestación de lo que habéis invocado.

3. Ahora llegáis al final de vuestro decreto, a la aceptación, la acción de sellar la carta en el corazón de Dios, enviada con un sentimiento de compromiso al reino del Espíritu, de donde la manifestación tiene que regresar al mundo de la forma material de acuerdo con las infalibles leyes de la alquimia (la química total de Dios) y de la precipitación[2].

Aquellos que entendéis el poder de elevar al cuadrado en matemáticas comprenderéis que cuando un grupo de personas se dedica a invocar las energías de Dios, no sólo añaden poder por el número de personas en el grupo, basado en el uno más uno, sino que aplican una antiquísima alianza del cuadrado que eleva al cuadrado la emanación del poder que se requiere para cumplir la Palabra hablada, proporcionalmente al número de individuos que estén decretando y al número de veces que se dé cada decreto.

Recomendamos de todo corazón los decretos individuales para alcanzar incontables bendiciones en las vidas de aquellos que se disciplinen a sí mismos en este ritual de invocar la luz para un mundo ensombrecido. A escala mundial, empero, el decretar en grupo, junto con una intensa visualización del beneficio deseado, tiene más efecto que decretar individualmente y produce una pronta respuesta a los que se dedican a ello, no sólo para sí mismos, sino para toda la humanidad.

Debería de tenerse en mente el hecho de que cada vez que se invoca el Bien (Dios) en el mundo de la forma, rodeado como está el mundo hoy de una gran acumulación de los efluvios mortales, las vibraciones negativas ya existentes en la atmósfera de la Tierra (debido a las bajas frecuencias de estas vibraciones) automáticamente se oponen al Bien (la luz) que se emite desde las alturas en respuesta al llamado (debido a las altas frecuencias de las vibraciones de la luz).

El ritmo es también importante en los decretos. Un ritmo correcto crea una proyección muy penetrante de vibraciones espirituales que magnetizará por todo el planeta las cualidades de Dios que están siendo invocadas por medio de los decretos. El moméntum de estas olas, que crean círculos ondulantes sobre el planeta, produce una intensificación de la luz dondequiera que los devotos se reúnen para participar en semejante esfuerzo.

Las leyes que rigen la manifestación y la distribución de la luz física también son aplicables al flujo de las corrientes de luz espiritual. Las cualidades espirituales se distribuyen a lo largo del planeta desde cada uno de los focos radiantes de amor de los Maestros Ascendidos.

Que nadie se sienta separado en su servicio a la jerarquía; porque, por el poder de los decretos emitidos en cualquier punto de la superficie de la Tierra, las corrientes de luz, vida y amor procedentes del corazón de Dios pueden ser desencadenadas como ondas eléctricas y radiantes para que afecten al mundo y devuelvan al que invoca la respuesta ordenada por Dios.

La afirmación «determinarás asimismo una cosa y te será firme»[3] es una máxima antigua que expone la ley que rige los decretos. Porque el hombre, creado a la imagen de Dios, tiene el mismo poder de accionar que Dios usó «en el principio» cuando dijo: «¡Haya luz!», y hubo luz[4].

Sabemos perfectamente bien que las personas que vienen a nuestras reuniones y se encuentran con estos decretos por primera vez, sin entender las leyes que los rigen o los bellos resultados que se pueden obtener mediante su uso, pueden caer fácilmente bajo la influencia de ciertas fuerzas negativas y entidades* existentes en el mundo que por naturaleza están diametralmente opuestas al uso de los decretos dinámicos.

Muy a menudo, las personas que enfatizan su deseo de una meditación silenciosa no toman en cuenta que hay un momento y un lugar propicio para la meditación silenciosa; un momento y un lugar propicio para la oración, y un momento y un lugar propicio para los decretos[5]. Los tres pueden ser empleados en las ceremonias religiosas. Los tres se pueden emplear en el hogar, individualmente o en grupos, según se desee. Pero una forma de devoción no sustituye a las demás.

Damos esta información, en esta Perla de Sabiduría†, debido a la necesidad que el mundo tiene de las enseñanzas de los Maestros Ascendidos al respecto. Después de todo, la conciencia es una sola. El individuo que mora en Dios puede volcar su corazón ante Dios en oraciones, canciones y decretos, o puede sentarse tranquilamente a meditar sobre un aspecto de la Deidad. El pensamiento precede a la expresión hablada, o por lo menos así debería ser. Por tanto, meditar o pensar en Dios es una forma de expresarlo a Él. Decretar es otra.

Cuando los hijos de Israel derribaron los muros de Jericó, fue por medio de un fuerte grito[6], un poderoso uso de la fuerza consumada de la energía divina. Las fuerzas siniestras han

---

*Entidad: ser llamado frecuentemente espíritu maligno o desencarnado. [N. del T.]

†*Perlas de Sabiduría*: publicaciones de dictados de los Maestros Ascendidos. [N. del T.]

pervertido este conocimiento, que ha sido uno de los puntos fuertes de las enseñanzas de la Gran Hermandad Blanca durante miles de años.

En el movimiento del poder negro[7] y en algunos grupos comunistas se ha adoptado la costumbre de entrenar a la juventud en el uso equivocado de esta ley referente al poder de la Palabra hablada. Sus seguidores cantan al unísono y con ritmo, evocando o magnetizando con ello el poder y proyectándolo a una longitud de onda vibratoria que está cargada de odio individual y colectivo. El efecto de estos moméntums de perversión colectiva puede ser desastroso para los que se enfrentan a ellos, porque usado correctamente, este poder derribó los muros de Jericó.

Ya que los decretos proporcionan tan grandes beneficios a la humanidad, instamos a todos los que en el pasado no hayan apreciado plenamente su significado, a los que puedan haber estado en contra de ellos, a que reconsideren su posición a la luz del conocimiento cósmico que acabo de revelar. Recomendamos, además, que los miembros de nuestros santuarios y todos los que estén en contacto con nosotros por medio de las Perlas de Sabiduría, hagan un esfuerzo real por comprender los hechos relacionados con el tema de los decretos.

Los decretos son manifestaciones sintetizadas de la llama del corazón de cada uno de los que decretan. Los decretos acumulan y concentran el poder de la Palabra hablada, la visualización de la mente Crística y el ritmo del pulso divino. Cuando decretáis, emitís energía divinamente cualificada imbuida por vuestras invocaciones y multiplicada por el poder de los Maestros Ascendidos. Entra en acción para realizar su obra perfecta, a fin de amplificar la fuerza de la luz en todo el planeta.

Me queda poco por añadir a lo dicho en tiempos antiguos: «Probadme ahora en esto, dice el Señor de los ejércitos, si no os abriré las ventanas de los cielos y derramaré sobre vosotros bendición hasta que sobreabunde»[8].

El uso correcto de los decretos requiere práctica. Los hombres no deberían esperar que la primera vez que hagan un llamado, la perfección misma del universo barrerá todos los escombros acumulados de sus vidas.

El decretar correctamente es un arte, y a medida que una persona adquiere mayor habilidad, le será posible acelerar sus decretos; es decir, será capaz de acelerar la velocidad a la que se pronuncian. Asimismo, será capaz de entender lo que está sucediendo a medida que aumenta de velocidad; esta aceleración, que eleva el ritmo del patrón electrónico de la persona, expulsa y transmuta los pensamientos y sentimientos negativos de su mundo.

¡Oh, qué deleite y paz podéis traer a vuestras familias, a vuestros amigos y a vosotros mismos con el uso correcto de los decretos! ¡Qué bendición para la libertad! ¡Cuán gloriosamente puede mejorarse el mundo!

Después de todo, bienaventurados, la Naturaleza misma no siempre está callada. Dios habla en el trueno, en el relámpago y en el viento[9]; y el parloteo de los diferentes pájaros en todo el mundo, como grillos en las ciénagas, ciertamente incrementa los decibelios.

La Tierra fue creada por el poder de la Palabra[10], y por el poder de la Palabra prevalecerá la libertad del hombre en el nombre de Dios. ¡Usad vuestros decretos! No temáis la opinión de los hombres, porque la jerarquía ha hablado y los que nos presten atención se beneficiarán.

En pro de vuestra valiente libertad en la luz, YO SOY

Saint Germain

Para vuestra comunión con Dios usando la ciencia de la Palabra hablada en cada uno de los siete rayos, véase *Oraciones, meditaciones y decretos dinámicos para la revolución venidera en conciencia superior* (disponible a través Summit University Press), impreso en diferentes colores y perforado para ponerlo en carpetas de tres aros.

YO SOY la Luz del Corazón
por Saint Germain

YO SOY la Luz del Corazón
Brillando en las tinieblas del ser
Y transformándolo todo en el dorado tesoro
De la Mente del Cristo.

Yo proyecto mi Amor
Hacia el mundo
Para borrar todos los errores
Y derribar todas las barreras.

¡YO SOY el poder del Amor infinito,
Amplificándose a sí mismo
Hasta que sea victorioso,
Por los siglos de los siglos!

El Bálsamo de Galaad
por un Peregrino de Paz

Oh Amor de Dios, inmortal Amor,
Envuelve todo en tu rayo;
¡Envía compasión desde las alturas
Para elevar a todos hoy día!
¡En la plenitud de tu poder,
Derrama tus gloriosos rayos
Sobre la Tierra y todo lo que hay en ella
Donde la vida en sombra aparenta estar!
Que la Luz de Dios resplandezca
Para liberar a los hombres del dolor;
¡Elévalos y revístelos, oh Dios,
Con tu poderoso nombre YO SOY!

I AM the Light of the Heart
by Saint Germain

I AM the Light of the Heart
Shining in the darkness of being
And changing all into the golden treasury
Of the Mind of Christ.

I AM projecting my Love
Out into the world
To erase all errors
And to break down all barriers.

I AM the power of Infinite Love,
Amplifying Itself
Until it is victorious,
World without end!

The Balm of Gilead
by a Pilgrim of Peace

O love of God, immortal love,
Enfold all in thy ray;
Send compassion from above
To raise them all today!
In the fullness of thy power,
Shed thy glorious beams
Upon the earth and all thereon
Where life in shadow seems!
Let the Light of God blaze forth
To cut men free from pain;
Raise them up and clothe them, God,
With thy mighty I AM name!

Cómo decretar eficazmente

por los Mensajeros

Jesús dijo: «Mi Padre hasta ahora trabaja, y yo trabajo [...]. De cierto, de cierto os digo: no puede el Hijo hacer nada por sí mismo, sino lo que ve hacer al Padre; porque todo lo que el Padre hace, también lo hace el Hijo igualmente [...]. Porque como el Padre levanta a los muertos, y les da vida, así también el Hijo a los que quiere da vida...

»Que todos honren al Hijo como honran al Padre. El que no honra al Hijo, no honra al Padre que le envió [...]. Porque como el Padre tiene vida en sí mismo, así también ha dado al Hijo el tener vida en sí mismo [...]. No puedo yo hacer nada por mí mismo; según oigo, así juzgo; y mi juicio es justo, porque no busco mi voluntad, sino la voluntad del que me envió, la del Padre»[1].

El misterio del Cristo, el Verbo Divino o el Logos, el Unigénito del Padre, ha desconcertado y confundido a la humanidad desde la Caída del Hombre (desde su descenso a la conciencia material). La rehabilitación de la humanidad desde su estado de pecadora, al que ha sido relegada por las fuerzas de una condenación injusta, hasta el de «coherederos con Cristo»[2] tiene que llevarse a cabo si los hombres han de obtener su libertad en esta era.

Está escrito en el Evangelio de San Juan que los judíos trataron de matar a Jesús porque decía que Dios era su Padre, haciéndose igual a Dios[3]. Hasta hoy, los «escribas y fariseos» denuncian a aquellos que se atreven a reconocer su herencia como hijos de Dios.

La afirmación de Jesús acerca de su divinidad estaba basada en el entendimiento de que él, habiendo sido creado a imagen de Dios, como lo fueron todos los hombres en el principio[4], poseía todos los atributos de Dios mismo; no en cantidad sino en calidad, al igual que cada gota de agua del océano contiene la naturaleza esencial del todo.

Jesús sabía, como pocos hombres antes o después de él han sabido, que él era el Hijo de Dios. Él nunca afirmó ser el único Hijo de Dios; pero aquellos que oyeron su palabra, no habiendo alcanzado aún este mayor entendimiento, se negaron a reclamar su propia Filiación divina. Mientras algunos lo censuraron por su declaración, otros se arrodillaron y adoraron en él aquello que aún no eran capaces de reconocer dentro de sí mismos.

Los que le siguieron, los primeros escribas y sacerdotes, tenían incluso menos comprensión de la manifestación universal del Cristo en todo hijo de Dios, en todo hombre, mujer y niño. Y, por consiguiente, la doctrina errónea de que Jesús es el único Hijo de Dios, transmitida de generación en generación, ha dividido a la civilización occidental y ha impedido que la humanidad, globalmente, realice su destino divino.

Cuando las declaraciones de Jesús acerca del Padre y del Hijo se explican a la luz de la comprensión de quién es en realidad el Hijo de Dios, el discípulo moderno entiende por qué y cómo puede decretar eficazmente.

El Cristo, como el Unigénito del Padre, es el único heredero verdadero de Dios. Este Hijo de Dios es vuestra propia Identidad verdadera, el ser verdadero que Dios hizo a su imagen y semejanza. Esta semejanza nunca cayó en pecado y descrédito, sino que permanece inviolable como el Cristo —el amado Santo Yo Crístico— de todo hombre y mujer.

La conciencia humana o la naturaleza carnal ha rechazado al Cristo desde la Caída de Adán y Eva. Porque el yo inferior, o hijo pródigo, al que podemos considerar como el hombre en vías de convertirse en el Cristo, escogió por el poder de su libre albedrío vivir en la conciencia de limitación en vez de vivir en la de una expresión ilimitada que se obtiene cuando uno mismo se somete sin reservas a la voluntad de Dios.

Los que realmente entienden el misterio del Cristo han visto que, así como hay un solo Dios, un solo Padre, también hay un solo Cristo, un solo Hijo. Es la naturaleza del Ser Infinito multiplicarse a sí mismo infinitamente y seguir siendo uno. (Uno por uno, multiplicado infinitas veces, siempre es igual a uno.) Así, Dios Padre y Dios Hijo pueden hacerse reales en el hombre y en la mujer una y otra vez, y seguir permaneciendo inviolados como el Ser Divino.

Todos los hombres participan de esta unidad y tienen dentro de sí mismos la esencia de la Naturaleza Divina, Dios individualizado como la Poderosa Presencia YO SOY de todo hijo e hija, y Cristo individualizado como el Santo Yo Crístico de cada persona. Sin Dios y sin el Verbo, el Cristo que estaba con Él en el principio, ninguna manifestación fue hecha[5], ningún hombre fue creado sin ser imbuido con una porción de Dios y una porción del Cristo.

El acto de decretar o de dar órdenes a las energías de la Vida es la prerrogativa de la identidad Crística o Ser Superior de todo hijo e hija de Dios. Al ser humano, siendo imperfecto e incompleto, aún no le ha sido concedida la autoridad para pronunciar fíats de dirección creativa; por ello, tiene que decretar siempre «En el nombre de la amada, poderosa y victoriosa Presencia de Dios,

YO SOY en mí, y en el nombre de mi amado Santo Yo Crístico».

Sabiendo, como Jesús lo sabía, que su destino divino es llegar a ser un cocreador con Dios, el discípulo de los Maestros toma en sus manos su libro de decretos y comienza donde está, en cualquier estado de conciencia en que se encuentre, a decretar para que los cambios necesarios se realicen en su mundo mediante los cuales pueda reunirse y se reunirá con el Padre por la intercesión de su Santo Ser Crístico.

Así, admitiendo sus limitaciones e ineptitudes actuales,

reconoce la omnipotencia de Dios para vencer todos los obstáculos de la carne y renovar su conciencia por medio del poder del Espíritu Santo.

Este Espíritu se manifiesta en el fuego sagrado que arde en el altar mismo de su corazón, en el compartimento secreto, como la llama trina de la Vida. (La llama tiene tres plumas: rosada, azul y amarilla. Mide aproximadamente un milímetro y medio de altura en el individuo promedio, y es el foco de Dios en el hombre que sustenta su vida. En realidad, hace latir el corazón del que derivan su ímpetu todas las demás funciones del cuerpo)[6].

El decreto o fíat divino, el decretador y la respuesta al decreto, forman una triple manifestación de Dios mismo. El decretador debe reconocer que «Dios en mí está dando este decreto. Es la energía de Dios que fluye para obedecer su orden, y Él es el cumplimiento de la ley por el poder de la Palabra hablada que se está manifestando en mí».

El hombre (el yo inferior) es, por tanto, un instrumento para que la luz que proviene del corazón de Dios se amalgame como perfección manifiesta. El hombre no es la fuente de luz ni el dictador de la creación; y no tiene por sí mismo ningún poder para hacer que esa luz obedezca su mandato. Por tanto, si el discípulo decide elevar su conciencia al nivel de su Santo Yo Crístico, sabiendo que es en realidad ese amado Hijo, él, siendo uno con Dios, puede ofrecerse a sí mismo como un sacrificio viviente consagrado a la pureza, a fin de que la luz de Dios, la Palabra de Dios y el decreto de Dios puedan fluir a través de él para manifestar la obra perfecta del Creador. Así, habiendo llegado a comprender mentalmente quién es el autor —YO SOY (Dios es) la puerta abierta que nadie puede cerrar—, el discípulo puede comenzar el ritual sagrado de ofrecer decretos en el nombre del Dios Padre/Madre (la Presencia YO SOY), del Hijo (el Cristo Universal que se manifiesta en todo hombre como su amada identidad Crística o su Santo Yo Crístico) y del Espíritu Santo (las energías del fuego sagrado que dotan a la forma y a la conciencia con la esencia de Dios que es vida).

Antes de empezar a pronunciar las palabras del decreto,

sentaos en una silla recta y cómoda, y en un cuarto bien iluminado donde no seáis molestados, asegurándoos de que el cuarto
esté arreglado, limpio y bien ventilado. (El polvo, el desorden,
el aire viciado y la poca iluminación reducen la eficacia de los
decretos porque impiden el flujo de la luz y ahuyentan a las
huestes angelicales, que siempre ayudan al suplicante a amplificar la descarga de las energías santas de Dios.) Visualizad a la
Presencia de Dios encima de vosotros[7] y a vuestro yo inferior
envuelto en la llama violeta, proporcionada por vuestro Santo
Yo Crístico, y visualizad la llama trina pulsando y expandiéndose desde vuestro corazón; la pluma azul a vuestra izquierda,
la rosada a vuestra derecha y la amarilla en el centro. Mantened
rectas la columna vertebral y la cabeza; las piernas y las manos
sin cruzar, y los pies asentados en el suelo. (Una mala postura
abre la conciencia a las fuerzas negativas porque el plexo solar,
que es la entrada de las emociones, no está controlado. El
cruzar las piernas y los brazos causa un «cortocircuito» en las
energías designadas a fluir a través del individuo para bendecir
a toda la humanidad.)

Por tanto, recordad las palabras de San Pablo: «¿No sabéis
que sois templo de Dios y que el Espíritu de Dios mora en vosotros?»[8], y permitid que las energías de Dios fluyan a través de
vuestro cuerpo. Sostened vuestro libro o una hoja de decretos a
la altura de la vista, de tal manera que no os inclinéis al decretar. Si lo preferís, podéis sentaros ante un escritorio o una mesa
donde podéis apoyar el libro frente a vosotros, dejando así las
manos libres y en reposo, palmas hacia arriba, para recibir las
bendiciones de Dios a través de los Maestros.

Pronunciad el decreto lenta y claramente sin esforzaros,
hasta que podáis comprender plenamente el significado de
su contenido. Después concentraos en el ritmo y comenzad a
acelerarlo. Veréis cómo vuestra mente puede aprender a seguir
con la velocidad del relámpago los conceptos y la descarga del
poder que se presenta a medida que recitáis los decretos con
mayor facilidad.

Es importante respirar profunda y regularmente, usando el
poder del aliento de fuego de Dios para proyectar la luz a través

de todo el cuerpo y después hacia el mundo, para bendecir toda vida con la magnetización de la energía de Dios enfocada a través de la llama de vuestro corazón. Cuando decretéis por vuestros seres queridos, invocad primero a vuestra Presencia YO SOY y vuestro Santo Yo Crístico, tal como está escrito en el preámbulo del decreto que estéis dando. Luego incluid en el preámbulo vuestro llamado a la «Poderosa Presencia YO SOY y al Santo Yo Crístico de _____» (pronunciad el nombre de la persona o personas por las que deseéis decretar).

Al hacer el llamado a la Presencia Divina de los que necesitan asistencia espiritual, abrís la fuente del cielo a sus mundos, a fin de que todas las bendiciones divinas de la luz puedan fluir para curar cualquier condición de imperfección que pueda estar manifestándose. Este servicio se puede prestar sin necesidad de verse envuelto personalmente en una determinada situación, porque por vuestros llamados los Maestros Ascendidos reciben la autorización para entrar en acción y tomar el mando sobre cualquier persona, lugar, condición o cosa a los que vosotros, en el nombre de Dios, dirijáis su atención.

Observaréis que todos los decretos publicados por The Summit Lighthouse tienen el siguiente final:

¡Y con plena Fe, conscientemente yo acepto que esto se manifieste, se manifieste, se manifieste! (repetir esta frase tres veces) ¡Aquí y ahora mismo con pleno Poder, eternamente sostenido, omnipotentemente activo, siempre expandiéndose y abarcando el mundo hasta que todos hayan ascendido completamente en la Luz y sean libres! ¡Amado YO SOY! ¡Amado YO SOY! ¡Amado YO SOY!

La plena aceptación de la manifestación de un decreto en vuestro mundo es de suma importancia, porque es justamente aquí, en la octava física, donde se necesita la luz de Dios. Al dar los decretos, el solicitante atrae la luz de las octavas superiores de perfección hacia las octavas inferiores de imperfección humana.

Nosotros no necesitamos perfeccionar a Dios o a su Cristo,

pero sí requerimos de cambios en este mundo de caos, enfermedad, desdicha y muerte. Estos cambios sólo pueden efectuarse
atrayendo la luz de Dios y aceptando conscientemente esa luz
que infaliblemente da al hombre su libertad en el momento y
en el lugar en que decida dar sus energías en forma de decretos
hasta que Dios pueda manifestar Su obra perfecta en él.

Sin la aceptación consciente de la manifestación de la respuesta a vuestros decretos, las energías puras de Dios bien podrían permanecer en las octavas superiores del ser, una matriz
no realizada en la Materia y desligada del mundo de las formas
materiales. La Palabra hablada es la clave para atraer la luz
del cielo hacia la Tierra. Recordaréis que cuando Jesús curaba
siempre pronunciaba una orden que hacía emitir la luz, a fin
de manifestar en el plano físico esa perfección que él aceptaba
como ya consumada en el reino de los cielos.

En el relato de la resurrección de Lázaro, observamos que
Jesús empleó el poder de la Palabra hablada para transmitir la
energía del plano del Espíritu al plano de la Materia para la
restauración de la fuerza vital.

Está escrito que «quitaron la piedra, de donde había sido
puesto el muerto. Y Jesús, alzando los ojos a lo alto, dijo:
«Padre, gracias te doy por haber oído. Yo sabía que siempre
me oyes; pero lo dije por causa de la multitud que está alrededor, para que crean que tú me has enviado». Y habiendo dicho
esto, clamó a gran voz: «¡Lázaro, levántate!»[9]. Es además sabido que hablaba «como quien tiene autoridad y no como los
escribas»[10].

El poder de la Palabra hablada es la autoridad del procedimiento creativo mismo. El primer decreto jamás dado lo
pronunció Dios cuando dijo: «¡Sea la luz!», y fue la luz[11]. La
respuesta desde el corazón de Dios fue instantánea y, así, el
Logos Divino salió a manifestarse como forma y conciencia,
expandiéndose en el mar infinito del Ser de Dios.

Los decretos son hablados por el hombre, porque el poder de
la Palabra —y ningún otro poder en el universo— es capaz de crear,
de resucitar, de transmutar y de perfeccionar la Imagen Divina
en los hijos e hijas de Dios. Por tanto, los decretos siempre

deberían darse en voz alta, y sólo cuando fuere imposible hacerlo deberían ofrecerse en silencio.

La luz de la Presencia se transmite a través de diferentes centros o chakras enfocados en el cuerpo del hombre. Al decretar, el poder de la Palabra fluye del centro de la garganta. Este centro debería visualizarse como emitiendo un rayo de color azul eléctrico. El centro del corazón es animado por la llama trina; el punto localizado en el centro de la frente, que es el foco del Ojo Omnividente de Dios (el tercer ojo), es de color verde esmeralda; y la radiación dorada, o aureola del Cristo, se encuentra en la coronilla.

La concentración es de máxima importancia al decretar, porque las energías de la Presencia pasan por la corriente de la atención del hombre para que se cumpla la Palabra hablada. A diferencia del concepto que tienen la mayoría de los estudiantes que se dedican a la ciencia de dar decretos, la concentración es una cualidad, más que de la mente del corazón. Vuestra atención debería concentrarse en la llama del corazón durante todo el tiempo que decretéis, porque ahí se encuentra vuestro foco individual del poder, la sabiduría y el amor de Dios. Esta práctica evitará la fatiga mental y una presión indebida sobre los chakras que están menos desarrollados en el hombre occidental.

El decretar es una función del corazón y de la devoción del hombre. Hay que volver a educar el intelecto, que por demasiado tiempo ha gobernado al corazón en la mayor parte de la gente, para que obedezca al llamado del corazón y sea obediente a los poderes intuitivos de éste, que casi siempre reflejan la voz interna del Ser Crístico.

Si la atención se fija en la manifestación deseada y el ojo de la mente está visualizando el decreto manifestado, los resultados serán infinitamente más eficaces que si se permite a la mente vagar, a los sentimientos ser absorbidos en diferentes distracciones y a los ojos mirar distraídamente por la habitación.

A medida que os familiaricéis más con el texto de los decretos, podéis cerrar los ojos y ver ante vosotros la realización de la acción que estáis invocando. Este procedimiento, conocido como visualización, está basado en la habilidad del hombre para «crear por medio del poder de la visión» o imaginar. Usad esta facultad creativa para «ver» cada palabra o cada frase descriptiva como un diseño del pensamiento o una «matriz», una «copa» o un «cáliz» sostenido firmemente en el corazón y en la mente, a fin de que la energía de Dios pueda fluir dentro de la copa de vuestra conciencia para activar y manifestar perfección en el mundo de la forma.

Cada día de la semana se envía a la Tierra, desde el corazón de Alfa y Omega, una concentración especial de uno de los siete rayos del arco iris de Dios*. Al usar diariamente los decretos estaréis trabajando con los siete rayos, el arco iris de luz que fluye a vuestro mundo a través del prisma de la conciencia Crística y se manifiesta en llamas.

Los colores de las llamas son: 1) azul; 2) amarillo; 3) rosado; 4) blanco; 5) verde; 6) morado y oro, y 7) violeta. Visualizad estas llamas de color como un fuego tangible y viviente, que envuelve vuestra mente y vuestro cuerpo, y que satura vuestro mundo con las deseadas cualidades de Dios, a la vez que limpian vuestro ser de todo lo que es inferior a Su perfección.

La descripción que Jesús hizo de Juan el Bautista: «Él era luz que ardía y alumbraba»[12], demuestra que sabía que la naturaleza esencial del hombre Crístico es una llama. Veos a vosotros mismos, pues, como esa luz que arde y alumbra, y recordad la promesa de Juan con respecto al Cristo: «Él os bautizará en Espíritu Santo y fuego [...] quemará la paja en fuego que nunca se apagará»[13].

Juan sabía que, cuando el Cristo llegara a todo hombre —cuando al Santo Yo Crístico individualizado se le permitiera descender hasta el crisol de la conciencia material y hasta la forma— tendría lugar el avivamiento del fuego sagrado, y la escoria de la creación humana sería consumida, o transmutada, dejando al hombre en su pureza original, santificado e íntegro, con su vestido de bodas[14], preparado para regresar al corazón de Dios por medio del ritual de la ascensión.

Éste es el gran proceso del perfeccionamiento. Lo logra

---

*Véase «Comentarios sobre los rayos de color», capítulo 8, páginas 77-79.

todo hijo e hija que decide reunirse con el Dios Padre/Madre mediante el bautismo del fuego sagrado. Le puede llegar y le llegará a todo aquel que se dedique a dar decretos diariamente. ¡Gloria a Dios y victoria al hombre!

Pax vobiscum

Cinco decretos dinámicos de la Palabra

Adoración a Dios
por Lanello

Amada Poderosa Presencia YO SOY,
Tú, Vida que haces latir mi corazón,
Ven ahora y toma dominio,
Hazme parte de tu Vida.
Rige sin rival y vive por siempre
En la Llama que arde dentro;
Permite que de Ti nunca me separe,
Que nuestra reunión comience ahora.

Todos los días se suceden en orden
Desde la corriente de tu Poder,
Fluyendo como un río,
Irguiéndose como una torre.
YO SOY fiel a tu rayo de Amor
Que emite Luz como un sol;
YO SOY el que está agradecido por tu justo camino
Y tu preciada palabra «Bien hecho».

¡YO SOY, YO SOY, YO SOY el que Te adora! (3x)*
¡Oh Dios, eres tan magnífico! (9x)*
¡YO SOY, YO SOY, YO SOY el que Te adora! (3x)

Avanzando hacia la Perfección,
YO SOY elevado por la gran gracia del Amor
Hacia tu centro de Dirección;
He aquí, al fin veo tu rostro.
Imagen de Poder inmortal,
Sabiduría, Amor y también Honor,
Inunda mi ser ahora de Gloria,
¡Que mis ojos no te vean más que a ti!

¡Oh Dios, eres tan magnífico! (3x)
¡YO SOY, YO SOY, YO SOY el que Te adora! (9x)
¡Oh Dios, eres tan magnífico! (3x)

¡Mi propio amado YO SOY, Amado YO SOY,
Amado YO SOY!

---

*(3x) y (9x) indican el número de veces que se debe repetir la línea.

Adoration to God
by Lanello

Beloved Mighty I AM Presence,
Thou Life that beats my heart,
Come now and take dominion,
Make me of thy Life a part.
Rule supreme and live forever
In the Flame ablaze within;
Let me from Thee never sever,
Our reunion now begin.

All the days proceed in order
From the current of thy Power,
Flowing forward like a river,
Rising upward like a tower.
I AM faithful to thy Love ray
Blazing forth Light as a sun;
I AM grateful for thy right way
And thy precious word «Well done».

I AM, I AM, I AM adoring Thee! (3x)*
O God, you are so magnificent! (9x)*
I AM, I AM, I AM adoring Thee! (3x)

Moving onward to Perfection,
I AM raised by Love's great grace
To thy center of Direction—
Behold, at last I see thy face.
Image of immortal Power,
Wisdom, Love, and Honor, too,
Flood my being now with Glory,
Let my eyes see none but you!

O God, you are so magnificent! (3x)
I AM, I AM, I AM adoring Thee! (9x)
O God, you are so magnificent! (3x)

My very own beloved I AM, Beloved I AM,
Beloved I AM!

*(3x) and (9x) indicate the number of times the line is to be given.

YO SOY la Voluntad de Dios
por El Morya

En el nombre de la amada, poderosa y victoriosa Presencia de Dios, YO SOY en mí, y de mi amado Santo Ser Crístico, llamo al corazón de la Voluntad de Dios en el Gran Sol Central, amado Arcángel Miguel, amado El Morya, amado Poderoso Hércules, todas las legiones de relámpago azul, y los Hermanos del Corazón Diamantino, amado Lanello, todo el Espíritu de la Gran Hermandad Blanca y Madre del Mundo, vida elemental: ¡fuego, aire, agua y tierra!, para que aviven la llama de la Voluntad de Dios por mis cuatro cuerpos inferiores y respondan a este mi llamado infinitamente, ahora y por siempre:

1. YO SOY la Voluntad de Dios manifestada en todas
       partes,
   YO SOY la Voluntad de Dios incomparablemente
       perfecta,
   YO SOY la Voluntad de Dios tan bella y justa,
   YO SOY la anhelante generosidad de Dios en todas
       partes.

Estribillo:
   Ven, ven, ven, oh Voluntad de llama azul tan verdadera,
   Hazme y mantenme siempre radiante como tú.
   Voluntad de llama azul de la Verdad viviente,
   Llama de buena Voluntad de eterna juventud,
   ¡Manifiéstate, manifiéstate, manifiéstate en mí ahora!

2. YO SOY la Voluntad de Dios que ahora toma
       pleno dominio,
   YO SOY la Voluntad de Dios que hace comprender
       a todos,
   YO SOY la Voluntad de Dios cuyo poder es supremo,
   YO SOY la Voluntad de Dios que realiza el sueño
       del cielo.

3. YO SOY la Voluntad de Dios protegiendo y
   bendiciendo aquí,
   YO SOY la Voluntad de Dios desechando ahora
   todo temor,
   YO SOY la Voluntad de Dios en acción aquí bien
   hecha,
   YO SOY la Voluntad de Dios con Victoria para todos.

4. YO SOY el relámpago azul que destella el amor de
   la Libertad,
   YO SOY el poder del relámpago azul que viene de
   las alturas,
   YO SOY el relámpago azul que libera a todos los
   hombres,
   YO SOY el poder de la llama azul que hace fluir
   el bien a través de mí.

¡Y con plena Fe, conscientemente yo acepto que esto se manifieste, se manifieste, se manifieste! (3x). ¡Aquí y ahora mismo con pleno Poder, eternamente sostenido, omnipotentemente activo, siempre expandiéndose y abarcando el mundo hasta que todos hayan ascendido completamente en la Luz y sean libres!
¡Amado YO SOY! ¡Amado YO SOY! ¡Amado YO SOY!

I AM God's Will
by El Morya

In the name of the beloved mighty victorious Presence of God, I AM in me, and my own beloved Holy Christ Self, I call to the heart of the Will of God in the Great Central Sun, beloved Archangel Michael, beloved El Morya, beloved Mighty Hercules, all the legions of blue lightning, and the Brothers of the Diamond Heart, beloved Lanello, the entire Spirit of the Great White Brotherhood and the World Mother, elemental life—fire, air, water and earth! to fan the flame of the Will of God throughout my four lower bodies and answer this my call infinitely, presently, and forever:

1. I AM God's Will manifest everywhere,
   I AM God's Will perfect beyond compare,
   I AM God's Will so beautiful and fair,
   I AM God's willing bounty everywhere.

Refrain:
  Come, come, come, O blue-flame Will so true,
  Make and keep me ever radiant like you.
  Blue-flame Will of living Truth,
  Good Will flame of eternal youth,
  Manifest, manifest, manifest in me now!

2. I AM God's Will now taking full command,
   I AM God's Will making all to understand,
   I AM God's Will whose power is supreme,
   I AM God's Will fulfilling heaven's dream.

3. I AM God's Will protecting, blessing here,
   I AM God's Will now casting out all fear,
   I AM God's Will in action here well done,
   I AM God's Will with Victory for each one.

4. I AM blue-lightning flashing Freedom's love,
   I AM blue-lightning power from above,
   I AM blue-lightning setting all men free,
   I AM blue-flame power flowing good through me.

And in full faith I consciously accept this manifest, manifest, manifest! (3x) right here and now with full Power, eternally sustained, all-powerfully active, ever expanding, and world enfolding until all are wholly ascended in the light and free!

Beloved I AM, Beloved I AM, Beloved I AM!

Victoriosa Luz Dorada
por el Ser Cósmico Victory

YO SOY la victoriosa luz dorada, la llama totalmente rodeada de iluminación del corazón de Dios que rehúsa aceptar cualquier concepto de limitación respecto a mi eterna razón de ser, aquí y ahora, hecha manifiesta en el cáliz de esta hora.

YO SOY la irradiación de la victoria que recorre la faz de la Tierra, eliminando obstáculos por el poder de la fe, a la que no se negará su inmortal derecho de nacimiento.

YO SOY la llama de iluminación que recorre todos los continentes, despertando a gente de toda condición social del letargo y sueño de los siglos, conduciéndola a un vital y palpitante conocimiento de la sabiduría que trasciende los dogmas, la conciencia de los sentidos y las funciones de la personalidad, ensartando el ojo de la aguja con el hilo de la determinación de la luz cuya costura de la vestidura del Señor de la Creación produce elevación, consumación, irradiación, purificación y libertad para todo hombre, mujer y niño de este planeta.

> ¡Oh mundo, despierta,
> Sacude ahora tu gente polvorienta;
> Purifica y rectifica,
> Para crear nuevos modos de pensar! (3x ó 9x)

Vuelve ahora en amistad con él, y tendrás paz; y por ello te vendrá bien.

Toma ahora la ley de su boca, y pon sus palabras en tu corazón...

Orarás a él, y él te oirá; y tú pagarás tus votos.

Determinarás asimismo una cosa, y te será firme, y sobre tus caminos resplandecerá la luz.

JOB

Golden Victorious Light
by the Cosmic Being Victory

I AM the golden victorious light, the full-orbed flame of illumination from the heart of God that refuses to accept any concept of limitation concerning my eternal reason for being here and now made manifest in the chalice of the present hour.

I AM the radiation of that victory which sweeps across the face of the earth, removing barriers by the power of faith that will not be denied its immortal birthright.

I AM the flame of illumination that sweeps all continents, awakening peoples of every walk of life from the lethargy and sleep of the ages to a vital, breathing awareness of the wisdom that transcends dogma, sense consciousness, and personality functions, threading the eye of the needle with the thread of light-determination whose sewings upon the garments of the Lord of Creation produce elevation, consummation, radiation, purification, and freedom for every man, woman, and child upon this planet.

> O world, awake,
> Your dusty selves now shake;
> Purify and rectify,
> New ways of thought to make! (3x or 9x)

Acquaint now thyself with him, and be at peace: thereby good shall come unto thee.

Receive, I pray thee, law from his mouth, and lay up his words in thine heart...

Thou shalt make thy prayer unto him, and he shall hear thee, and thou shall pay thy vows.

Thou shall also decree a thing, and it shall be established unto thee: and the light shall shine upon thy ways.

—JOB

Te Busco
por Lanello con Hilarión

Amada, poderosa y victoriosa Presencia de Dios, YO SOY en mí, Santo Yo Crístico de todas las evoluciones de la Tierra, amado Maestro Ascendido Jesús el Cristo, hijos y siervos en el cielo, ángeles y maestros de curación, amada Madre María, amado Saint Germain, amado Hilarión, Juan el Amado, amado Lanello, todo el Espíritu de la Gran Hermandad Blanca y Madre del Mundo, vida elemental:¡ fuego, aire, agua y tierra!

En vuestro nombre, por el poder magnético de la inmortal y victoriosa llama trina de la verdad que arde en mi corazón y en el corazón de Dios en el Gran Sol Central, yo decreto:

1. YO SOY el fuego de Dios en mi mente
    que aspira su ley de la verdad encontrar;
    YO SOY la respuesta que me da ahora,
    el poder del amor que procuro ser
    irrumpe como canto en mi corazón,
    está conmigo ahora y todo el día.

Estribillo:
    Tómame, bendito Dios Padre,
    ¡oh querida Presencia YO SOY!;
    YO SOY tu ser en acción,
    desechando todo miedo;
    YO SOY tu llama, tu vida, tu poder
    protegiendo la Tierra a toda hora.

2. No puedo fracasar si Dios conmigo está,
    su Presencia viviente aparece ahora;
    YO SOY el plan que desciende, pues,
    a las almas fatigadas de los hombres
    y que derrama libertad a todos
    los que tienen fe para hacer el llamado.

3. Ven, oh amado Ser Sagrado,
    Permíteme conocer a tu bendito Hijo;
    YO SOY tu creación pura, Señor,
    me apoyo en tu Palabra Sagrada;
    O guíame hasta el final,
    mi vida de ti ahora depende!

4. ¡Oh, fluye en torrentes sin cesar,
    oh amor, a ti siempre venero;
    Mi sagrado vínculo de vigor para actuar
    en memoria de algunos dichosos,
    Que han escrito el ejemplo de nuestra era
    en las páginas de la historia de la Tierra!

5. Confirmamos ahora nuestra audaz unión,
    graba con fuego tu ley en nuestros corazones,
    Y haz que seamos ejemplos
    de pureza de los Maestros Ascendidos;
    Yo ahora me confino a ti,
    ¡oh ven y revélate a mí!

¡Y con plena fe, conscientemente acepto que esto se manifieste, se manifieste, se manifieste! (3x). ¡Aquí y ahora mismo con
pleno poder, eternamente sostenido, omnipotentemente activo,
siempre expandiéndose y abarcando el mundo hasta que todos
hayan ascendido completamente en la luz y sean libres!
    ¡Amado YO SOY! ¡Amado YO SOY! ¡Amado YO SOY!

I Seek Thee
by Lanello with Hilarion

Beloved mighty victorious Presence of God, I AM in me, Holy Christ Selves of all earth's evolutions, beloved Ascended Master Jesus the Christ, the servant-sons in heaven, and the healing angels and masters, beloved Mother Mary, beloved Saint Germain, beloved Hilarion, John the Beloved, beloved Lanello, the entire Spirit of the Great White Brotherhood and the World Mother, elemental life—fire, air, water, and earth!

In thy name, by and through the magnetic power of the immortal, victorious, threefold flame of truth burning within my heart and the heart of God in the Great Central Sun, I decree:

1. I AM God's fire within my mind
That seeks his law of truth to find;
I AM his answer now to me,
The power of love I seek to be
Is bursting in my heart as song,
Is with me now and all day long!

Refrain:
Take me, blessed Father God,
O I AM Presence dear;
I AM thyself in action,
Casting out all fear;
I AM thy flame, thy life, thy power
Guarding earth through every hour!

2. I cannot fail when God is here,
His living Presence now appears;
I AM the plan descending then
Upon the weary souls of men
And blazing freedom forth to all
Who have the faith to make the call!

3. O come beloved Holy One,
     And make me know thy blessed Son;
   I AM thy pure creation, Lord,
     I stand upon thy Holy Word;
   O see me through unto the end,
     My life on thee does now depend!

4. O flow in ceaseless torrents now,
     O love to thee I ever bow;
   My holy bond of strength to do
     In memory of the blessed few
   Who set example for the age
     Upon the earth's historic page!

5. Our union bold we now affirm,
     Thy law upon our hearts do burn,
   And see that we examples be
     Of ascended-master purity;
   I now confine myself to thee,
     O come reveal thyself to me!

And in full faith I consciously accept this manifest, manifest, manifest! (3x) right here and now with full power, eternally
sustained, all-powerfully active, ever expanding, and world
enfolding until all are wholly ascended in the light and free!
   Beloved I AM, beloved I AM, beloved I AM!

La Copa del Maestro
por Lanello

En el nombre de la amada, poderosa y victoriosa Presencia de Dios, YO SOY en mí, mi amado Santo Yo Crístico, Santo Yo Crístico de todos los hombres, amado Maestro Jesús el Cristo e hijos-siervos en el cielo; amado El Morya, amado Lanto, amado Pablo el Veneciano, amado Serapis Bey, amado Hilarión, amada Maestra Nada, amado Saint Germain, amada Madre María, amado Lanello, todo el Espíritu de la Gran Hermandad Blanca, Madre del Mundo y vida elemental de fuego, aire agua y tierra, yo decreto:

1. Oh gran luz cósmica envuelve
   a todo el mundo bendito;
   Con servicio ministrante
   que siempre abunde la misericordia;
   Los hombres extienden sus brazos anhelando
   su destino comprender;
   YO SOY la copa del maestro
   que pone la libertad en sus manos.

Estribillo:
   ¡YO SOY, YO SOY, YO SOY aquí la ley
   que sirve con amor!
   ¡YO SOY, YO SOY, YO SOY la bendición
   de la alegría de Cristo!
   ¡YO SOY, YO SOY, YO SOY las manos
   sanadoras de paz!
   ¡YO SOY, YO SOY, YO SOY la plena emanación
   de la libertad divina!

2. Estoy ahora colmado de obediencia
   a los puros preceptos sagrados;
   En la gloria ministrante
   que el amor perdure por siempre;
   Los corazones de los hombres esperan ahora
   la bendición de Dios que actúa aquí;
   YO SOY la copa del maestro,
   Dios aparece en mí.

3. Estoy lleno con superpoder
   que viene del Sol Central;
   En servicio ministrante
   yo sigo hasta ganar la victoria;
   Los hombres necesitan esta bendición
   para mostrarles cómo han de vivir;
   YO SOY la Presencia Soberana,
   y con amor, yo también daré.

4. Gran luz cósmica que destella ahora
   los rayos de la Cima a lo lejos,
   En belleza ministrante
   mis actos nunca han de dañar;
   Los hombres esperan compartir tu abundancia,
   para verte penetrar como un rayo;
   YO SOY mi Dios en acción,
   en mí tan sólo tú estás.

5. Oh maestros, sabios y benditos,
   cuya alegría anhelamos compartir,
   Ayudadnos a detener la acción
   de toda carga que llevamos;
   Difundamos ahora el mensaje
   lejano y vasto que transmite la luz;
   La ley de Dios es amor en acción,
   su verdad es solamente justa.

Y con plena fe...

The Master's Vessel
by Lanello

In the name of the beloved mighty victorious Presence of God, I AM in me, my very own beloved Holy Christ Self, Holy Christ Selves of all mankind, beloved Jesus the Christ and the servant-sons in heaven—beloved El Morya, beloved Lanto, beloved Paul the Venetian, beloved Serapis Bey, beloved Hilarion, beloved Lady Master Nada, beloved Saint Germain, beloved Mother Mary, beloved Lanello, the entire Spirit of the Great White Brotherhood and the World Mother, elemental life—fire, air, water, and earth! I decree:

1. Great cosmic light, encircle
    The whole blest world around;
   With ministration's service
    Let mercy e'er abound;
   Men's hands extend in longing,
    Their lot to understand;
   I AM the master's vessel,
   Giving freedom to their hands

Refrain:
    I AM, I AM, I AM the law
     of loving service here!
    I AM, I AM, I AM the blessing
     of Christ-cheer!
    I AM, I AM, I AM the healing
     hands of peace!
    I AM, I AM, I AM God-freedom's
     full release!

2. I AM charged now with obedience
    To holy precepts pure;
In ministration's glory
    Let love fore'er endure;
Men's hearts now 'wait the blessing
    Of God in action here;
I AM the master's vessel,
    In me does God appear.

3. I AM filled with superpower
    From out the Central Sun;
In ministration's service
    I act till victory's won;
Men's beings need this blessing
    To show them how to live;
I AM the Master Presence,
    In love I, too, shall give.

4. Great cosmic light now blazing
    The Summit beams afar,
In ministrations beauty
    My deeds shall never mar;
Men wait to share thy bounty,
    To see thee blazing through;
I AM my God in action,
    Within there's only you.

5. O masters, wise and blessed,
    Whose joy we long to share,
Help us to stop the action
    Of every burden's care;
Let us now spread the message
    Both far and wide by light;
God's law is love in action,
    His truth is only right.

And in full faith...

~8~

Comentarios sobre los rayos de color

por Kuthumi

El poder creativo del universo que emana de la Fuente más alta se da a la Tierra aquí abajo a fin de que el hombre aprenda, por medio de la alquimia de la meditación, a convertir el polvo de su mundo en el destino de lo Eterno, tal como ha indicado el amado Gautama*.

Tenéis derecho a las estrellas, como también a la magnífica llama Divina dentro de vuestro corazón. El minúsculo sol interno de iluminación es el tesoro que se encuentra al final del arco iris de la luz que se extiende hacia vuestro mundo.

Donde hay luz, ahí se encuentra Dios, pintando en un caleidoscopio, similar a la túnica de muchos colores de José, los diferentes colores de la pura luz blanca[1]. Porque en verdad, tal como la túnica sin costura[2] de nuestro Señor Jesucristo fue realmente blanca, así en su encarnación como José usó la túnica de muchos colores. Los muchos se convirtieron en el uno en el Cristo, y de esta luz Crística se pueden extraer los diferentes colores de la perfección universal.

En forma similar, los que desean seguir al Cristo en la regeneración de la luz interna pueden meditar sobre la interrelación

---

*Se refiere a la cita «destiny not dust» («destino y no polvo»), del dictado «Uno» del Buda Gautama, publicado en las *Perlas de Sabiduría* de 1978, vol. 11, páginas ix-xv. [N. del T.]

de los colores del arco iris de la perfección de la luz:

Azul (el primer rayo) es el símbolo de fe, promesa, constancia, poder, vigor y la sinceridad de Dios. Sale de los vastos depósitos de luz, vertiéndose en mar y cielo. Es la bendición de los martes para la Tierra.

Amarillo (el segundo rayo) es la mezcla del oro con el blanco que se convierte en la radiación dorada, cuyo brillo proporciona iluminación, la consagración y servicio del conocimiento verdadero, la expresión de la mente Crística y la institución de la ley de relaciones armoniosas entre todos los pueblos, y entre Dios y éstos. Es el rayo del sol enviado a la Tierra los domingos.

La aurora del amanecer, rosado (el tercer rayo), es el símbolo del amor divino; un amor que, como ofrenda floral, recorre las planicies y adorna las moradas de la imaginación con el atavío del madroño trepador y la fragancia de una rosa rosada.

El amor es alegre, vigoroso y bello. Por medio del poder del amor, los hombres aprenden a impartir a otros la belleza y la compasión que han recibido de Dios. En la entrega de esta caridad y belleza no existe hurto alguno, sino sólo el justo intercambio entre todas las almas, ennoblecidas por el mismo amor que es Dios. Los lunes están imbuidos con este poder creativo.

El **blanco** de la pureza (**el cuarto rayo**) es una radiación estelar. Aunque consta de todos los colores del arco iris, tiene su propia envoltura gigantesca que, como un mar de fuego líquido, sostiene ante los hijos de los hombres el anhelo de formar parte de lo que nunca puede ser contaminado por la razón o por actos engañosos.

Pureza: la mente de Dios, la naturaleza de Dios, el carácter de Dios, el estado de estar libre de mancha y de culpa, la triunfante fusión de los muchos colores en la pureza del Uno, que blanquea al hombre empujándolo hacia la eternidad y celebra su purificación en la cruz de fuego blanco el Viernes Santo, el día de la libertad en el que, por medio de la pureza, el hombre se libera de las ataduras de la limitación.

¿Y qué decir del **verde (el quinto rayo)** que imbuye toda vida con la mezcla perfecta del amarillo y el azul, que evidencia la fe y la sabiduría de Dios en la naturaleza y habla de reno-vación eterna? El verde, el vestirse de verde, carga al hombre de la saludable clorofila del sol; el fuego del sol y el fuego del poder para crear, entrelazado con un poderoso augurio de verde curativo, que devuelve al hombre a la naturaleza original de Dios. Dotado y dotante, el rayo verde satisface las carencias del hombre a medida que penetra en la Tierra los miércoles.

El **morado y el oro (el sexto rayo)** representan las vesti-duras que imbuyen al hombre con el deseo de prestar servicio cósmico, y son emblemas simbólicos del sacerdocio de los verdaderos creyentes. El morado habla del fuego iluminado del alma. Este fuego tiene que ayudar a cada parte de la vida a reunirse con su Fuente y con la ley dorada que Dios ha con-cedido al hombre. Es el servicio del Cristo a sus discípulos, del más grande entre los siervos. Esta doble acción del Cuerpo de Dios (morado) y de su Esencia (oro) baña la Tierra los jueves.

Cuando se sintetizan en acción los rayos del amor y del poder, el rosado y el azul, surge la radiación de la llama **violeta (el séptimo rayo)**. Llamada asimismo morado real, muestra surgiendo dentro de la conciencia una percepción del manto.

Dios ha acariciado y bendecido al individuo. Ahora éste tiene que vestir el manto de la diplomacia, la túnica del tacto y del juicio. Tiene que mediar, lo mejor que pueda, en pro de hombres menos avanzados, de aquellos que aún no han pro-gresado hasta su nivel de realización. Ya sea hombre, ángel o maestro, tiene que servir a la causa de la libertad y liberar a los hombres de las ataduras que ellos mismos han creado.

No se debe esperar gratitud, sino sólo guardar en un co-razón agradecido sentimientos de gratitud por poder prestar mayor servicio, a fin de que mañana pueda dar en mayor me-dida lo que ha dado hoy en menor medida. Sábados: los días para detenerse a contemplar el ritual de la libertad[3].

La trascendencia, pues, es la naturaleza de la luz. Y a me-dida que dirigimos nuestras meditaciones hacia la luz, vemos que hay mucho que contemplar. ¡Sigamos nuestra aspiración! Alcemos la frente, pues nuestra redención se acerca.

-9-

Ejercicio para fortalecer el aura

por Kuthumi

Al estudiante dispuesto a experimentar con la Ley Cósmica

El ímpetu para llevar a cabo un propósito, previsto por el Maestro El Morya, no sólo debería aplicarse a las actividades de la Hermandad, coordinadas mutuamente en la Tierra y en el cielo, sino también a la vida de cada uno de los estudiantes.

Por tanto, uno de los primeros ejercicios que quiero dar a los estudiantes para fortalecer el aura consiste en una acción tripartita.

El estudiante comienza visualizando la llama trina expandiéndose desde el interior de su corazón*, luego se sella a sí mismo y su conciencia en un globo de fuego blanco y, una vez alcanzado esto, comienza a recitar las siguientes palabras con suma humildad y devoción:

---

*Véase imagen de Llama trina, página 148.

YO SOY Luz, candente Luz,
Radiante Luz, Luz intensificada.
Dios consume mis tinieblas,
Transmutándolas en Luz.

En este día YO SOY un foco del Sol Central.
A través de mí fluye un río cristalino,
Una fuente viviente de Luz
Que nunca puede ser cualificada
Por pensamientos y sentimientos humanos.
YO SOY una avanzada de lo Divino.
Las tinieblas que me han usado son consumidas
Por el poderoso río de Luz que YO SOY.

YO SOY, YO SOY, YO SOY Luz.
Yo vivo, yo vivo, yo vivo en la Luz.
YO SOY la máxima dimensión de la luz;
YO SOY la más pura intención de la luz.
YO SOY Luz, Luz, Luz
Inundando el mundo doquiera que voy,
Bendiciendo, fortaleciendo e impartiendo
El designio del reino del cielo.

I AM Light, glowing Light,
Radiating Light, intensified Light.
God consumes my darkness,
Transmuting it into Light.

This day I AM a focus of the Central Sun.
Flowing through me is a crystal river,
A living fountain of Light
That can never be qualified
By human thought and feeling.
I AM an outpost of the Divine.
Such darkness as has used me is swallowed up
By the mighty river of Light which I AM.

I AM, I AM, I AM Light.
I live, I live, I live in Light.
I AM Light's fullest dimension;
I AM Light's purest intention.
I AM Light, Light, Light
Flooding the world everywhere I move,
Blessing, strengthening, and conveying
The purpose of the kingdom of heaven.

Al visualizar el resplandor del fuego blanco cósmico a vuestro alrededor, no os preocupéis por los errores mentales que a lo largo de los años pueden haber invadido vuestra conciencia. No os permitáis concentraros en ninguna cualidad o condición negativas. No permitáis que vuestra atención descanse en las imperfecciones que suponéis tener.

Más bien, fijaos en lo que la luz puede hacer por vosotros. Fijaos cómo hasta vuestra forma física puede cambiar; cómo puede efectuarse en cuerpo, mente y espíritu un fortalecimiento de vuestra salud.

Intentad hacer este ejercicio, por simple que parezca, y sabed que muchos seres ascendidos lo harán con vosotros.

Muchas veces, los adultos tienen miedo de que se les considere como niños[1]. Preferirían aparentar ser hombres de mundo y sofisticados; si simplemente pudieran darse cuenta de que con ello están huyendo de temores y de inseguridades profundamente arraigados que han enterrado debajo del clamor de sus actividades sociales. Con seguridad, con todo lo que saben del universo físico, de su medio ambiente y de los diseños mentales, ¡necesitan descubrir lo grandiosos que son en realidad!

No obstante, queridos corazones, qué conmoción les espera a esos hombres y mujeres cuando se enfrenten cara a cara con la deslumbrante verdad de la realidad y se den cuenta de que tienen que rectificar mucho de lo que han aprendido, y de que lo que consideraban su propia grandeza, tiene que ser sacrificada en el altar de la verdadera grandeza del Yo Crístico. Entonces compararán, tal vez, lo que todavía no saben con lo que realmente saben, y se darán cuenta de cuán exentos de gloria se ven ante los ojos de la jerarquía cósmica.

No es necesario impresionar a los Maestros con ninguna cualidad que tengáis. El cielo ya sabe exactamente lo que sois arriba y abajo. El cielo ya sabe que fuisteis creados a imagen y semejanza de Dios.

Si retornáis a esa imagen de una manera sencilla, dulce e inocente, os prometo que el cielo no os mantendrá ocupados demasiado tiempo en el mundo infantil, sino que os elevará a la conciencia de un hijo o hija de Dios maduro.

Mientras conservéis la actitud de un niño, seréis capaces de hacer algo por vosotros mismos que sea a la vez valioso y válido; seréis capaces de deshaceros de las ataduras que os ligan a vuestro egocentrismo, hasta que finalmente la pequeña ave del alma vuele hacia los cielos y contemple la gloria del sol eterno.

Nosotros, en nuestra Hermandad de la Túnica Dorada, estamos consagrados a la liberación de los que se encuentran todavía enredados en los vanos aspectos de la conciencia humana. Que ellos puedan desarrollarse espiritualmente, libres por fin para manifestar las finalidades de la vida como Dios lo designó para ellos: ésta es nuestra plegaria...

Kuthumi

-10-

Dios, el decretador original

por los Mensajeros

«Los decretos de Dios son actos sabios, libres y santos del consejo de Su voluntad, por medio de la cual, por toda la eternidad, Él ha predeterminado invariablemente, para su gloria, todo lo que ha de acontecer»[1]. Estas palabras de un hombre de Dios publicadas en 1648, expresan el hecho irrefutable de que Dios mismo fue el primer decretador y que Él es el decretador por excelencia.

Cuando consideramos que todo lo que sucede en el tiempo y el espacio que observamos como el efecto de la Primera Causa surgió en el principio por decreto de la voluntad de Dios, entonces debemos admitir que el decreto —el fíat del Señor que acompaña todo acto creativo— es indispensable para la creación. Esta Palabra hablada, que procede de la Deidad, es el Verbo sin el cual «nada de lo que ha sido hecho fue hecho»[2].

Si Dios en toda su omnipotencia obedece la orden de la Palabra hablada y no deja de emplear esa Palabra cada vez que crea, ¿puede el hombre como cocreador con Dios dejar de seguir su ejemplo? Todo lo que el hombre desee que se cumpla debe invocarlo de la Deidad por medio del decreto; y cualquier creación que se invoque, si ha de perdurar, tiene que invocarse, por decreto divino, en el nombre del Cristo desde el corazón del Dios Padre/Madre.

Si Dios es el decretador original, entonces el hombre, hecho a su imagen y semejanza[3], tiene que ser también decretador de lo que acontece en la Tierra. Y esto tiene que hacerlo si ha de obedecer el mandato del Señor: «Tomad dominio sobre la Tierra»[4].

Por tanto, es deber y responsabilidad solemne del hombre y de la mujer pronunciar los decretos de Dios, afirmar su ley y su verdad por medio del poder de su nombre, YO SOY. El hombre que desea ser como Dios tiene que vestirse con la conciencia de su Hacedor y convertirse en todo lo que Él ha declarado sobre el verdadero Ser desde el principio.

Los decretos no son sólo fíats de la Voluntad Divina, sino además son un desafío a toda oscuridad, al propio Anticristo[5] y a la personificación del mal (como el velo de energía)* en el Mentiroso y la mentira[6]. Por tanto, citando las pintorescas palabras de un teólogo del siglo XVI: «Todos los diablos en lo profundo del infierno tiemblan ante sus decretos»[7]. Tomás Moro, un célebre hombre de letras, habló del Adversario diciendo: «El diablo [...] el espíritu orgulloso [...] no puede soportar que lo ridiculicen»[8].

Los decretos de verdad y luz que piden que se desenmascare al Malvado son la burla a los orgullosos y a los ambiciosos que cayeron con el «hijo de la mañana»[9]. Éste es el mismo Lucifer que es «derribado al vuelo» y que será «llevado al infierno, a los lados del abismo»[10], por decreto del Señor de los Ejércitos, como está escrito en el libro de Isaías. «Porque el Señor de los Ejércitos lo ha determinado, y ¿quién lo impedirá? Y su mano extendida, ¿quién la hará retroceder?»[11].

Los decretos son la palabra del testimonio de los santos mediante la cual vencen al Diablo, de acuerdo con el fíat original de la voluntad de Dios. Si Dios no hubiera ordenado primero que Satanás (la personificación de la mente carnal en un planeta y sus habitantes) fuera atado, entonces los decretos del hombre no lo podrían llevar a cabo.

No obstante, porque Él ha decretado el fin de las actividades de Satanás, toda la humanidad puede poner en práctica esa santa voluntad por medio del poder de la Palabra hablada, «la

---

*En la terminología de los Maestros Ascendidos, la palabra evil («el mal») se compone de energy veil («velo de energía»). [N. del T.]

palabra de su testimonio»[12]. Esta reciprocidad, esta interacción de la emisión de la Palabra hablada a través de Dios y del hombre, es el cumplimiento de toda profecía como arriba, así abajo.

Consideremos ahora cómo Dios, por medio de su emisario el Señor Maitreya, ha incrementado la acción de la Palabra hablada con el poder del diez mil por diez mil en estos últimos días, a fin de acortar los días «por causa de los escogidos»[13].

El poder del diez mil por diez mil

por los Mensajeros

El 1 de julio de 1961, en la conferencia Libertad llevada a cabo en la ciudad de Washington, el Señor Maitreya reveló un fíat de importancia colosal para los estudiantes de la luz de todos los tiempos venideros. A continuación, citamos una parte de su dictado:

«Yo, Maitreya, os digo hoy que los Maestros Ascendidos, en grandes deliberaciones y consejos de la Gran Hermandad Blanca, han determinado que la tiranía humana ha dominado por demasiado tiempo la mente colectiva. Por tanto, hemos solicitado una gran merced, por medio de la cual se concederá hoy a los estudiantes lo que se conoce como el ¡pleno poder del diez mil por diez mil!

»De hoy en adelante, ¡cada decreto que pronunciéis se incrementará con el poder del diez mil por diez mil!

»¡Yo, Maitreya, declaro que, de hoy en adelante, aquellos que den sus decretos crearán una enorme e impelente aceleración que, moviéndose rápidamente, recorrerá la conciencia terrenal de la humanidad e impondrá la liberación de la Tierra!

»La Gran Ley Cósmica ha determinado que este planeta no se someterá a la tiranía de la conciencia humana, la cual, por sí misma, aunque es sustancia inteligente hasta cierto grado, no es la inteligencia discriminatoria de los Maestros Ascendidos.

Por tanto, ¡no tiene ningún poder! ¡No tiene ningún poder! ¡No tiene ningún poder! ¡Y yo os digo que tenéis que libraros de esa conciencia mediante una sintonía consciente y gozosa con nuestros pensamientos sintonizándoos con lo que Dios piensa de vosotros!»[1].

La importancia de esta dispensación está casi más allá de toda comprensión; porque tiene que ver con la multiplicación geométrica del potencial de energía de esta octava a la siguiente, del nivel de la conciencia humana a la octava de los Maestros Ascendidos, y el retorno de esta energía por el poder de los decretos a nuestra dimensión, donde el poder de Dios puede efectuar enormes cambios que bendigan y curen a todo el planeta.

Diez mil por diez mil es cien millones. Pensad, pues, en el poder infinito de Dios y en la concentración de su energía por medio de las invocaciones de la humanidad abajo y de las amplificaciones de los Maestros Ascendidos arriba. Pronto comprenderéis que aquellos que están tratando de efectuar cambios en el mundo de la forma para superar la enfermedad, la pobreza, la desigualdad y la guerra tienen a su disposición el mayor poder benefactor jamás conocido por el hombre.

Cada vez que un estudiante de los Maestros Ascendidos pronuncia un decreto de luz, dado mediante la Palabra hablada por el poder del fuego sagrado y del nombre de Dios, YO SOY, puede beneficiar a cien millones de personas, casi un tercio de la población de los Estados Unidos[2]. Cuando se da el decreto tres veces, tiene el ímpetu adicional del poder del tres por tres.

El poder trascendental que tienen los decretos para efectuar cambios en el mundo de la forma es escasamente comprendido por la humanidad no ascendida; porque a veces es difícil para la gente entender el poder de las fuerzas invisibles, si bien éstas se vuelven visibles y tangibles después de un cierto período de uso concentrado del fuego sagrado.

Los Maestros han explicado que, a fin de que ellos puedan servir a la humanidad en la octava física, la ley cósmica requiere que los individuos den sus energías a las huestes de luz por medio de sus oraciones o sus decretos. La energía que se descarga al dar los decretos es entonces amplificada por las huestes angelicales cuya ayuda se ha invocado.

Al hombre se le ha concedido libre albedrío para que sea la autoridad en su mundo; es decir, en el plano de la Materia. Por tanto, Dios no entra en acción para alterar las condiciones de injusticia y desdicha a menos que el hombre lo llame; éste entonces, por su propia voluntad, elige que Dios tome las riendas de autoridad y dirija su vida. Jesús realizó esta transferencia de autoridad de lo personal a lo Divino cuando dijo: «Padre, no se haga mi voluntad, sino la tuya»[3].

Así, el libre albedrío del hombre puede definirse como la oportunidad de escoger a Dios como autor o de escoger lo opuesto, morando en la conciencia humana y permitiendo que el ego humano «lleve la batuta». Al escoger la segunda opción, los individuos se desconectan a sí mismos de la Fuente Divina de poder, sabiduría y amor hasta que, habiendo experimentado las penurias y el vacío de una existencia egocéntrica, vuelven para abrazar de nuevo al Amado, a la Poderosa Presencia YO SOY.

Aquellos a quienes les gusta dar decretos, aquellos que saben de la gran descarga de luz que Dios confiere a toda condición humana inferior a la perfección por medio de las invocaciones a los Maestros Ascendidos, hechas en el nombre de la Poderosa Presencia YO SOY, dedican gustosa y generosamente su tiempo y sus energías a este servicio.

El uso de los nombres de muchos seres cósmicos, Maestros Ascendidos, ángeles y fuerzas vitales del Dios Único infinito, intensifica realmente la acción de los decretos. ¿Cómo se lleva a cabo esto? Durante toda nuestra vida se nos ha enseñado a creer que sólo hay un Dios y nosotros sabemos que hay un solo Dios.

Jesús dijo: «Si dos de vosotros se pusieren de acuerdo en la Tierra acerca de cualquier cosa que pidieren, les será hecho por mi Padre que está en el cielo. Porque donde están dos o tres congregados en mi nombre, allí estoy yo en medio de ellos»[4].

Según la ley cósmica, el poder de tres es más intenso que el poder de uno y sirve para magnetizar una mayor concentración del fuego sagrado. Mientras que el poder de uno al cuadrado es uno, el poder de tres al cuadrado es nueve, porque el YO SOY está en medio de ellos; así comenzamos a entender en parte el poder místico del tres por tres.

Cuando nueve personas se reúnen, el poder de intensificación equivale a nueve al cuadrado, porque el Cristo está en medio de ellos. Así, el poder del grupo es ochenta y una veces mayor que el poder de un solo miembro. Es fácil comprender que cuanto mayor sea el número de personas reunidas, mayor será el golpe dado a favor del Señor.

No es entonces de extrañar que al invocar a muchos seres cósmicos que ya han ascendido recibáis no sólo la radiación Divina de vuestra Poderosa Presencia YO SOY y la radiación Divina de la Poderosa Presencia YO SOY en el Gran Sol Central, sino que además incrementéis ese gran poder, pues cada uno de estos seres ascendidos ha exteriorizado una de las cualidades específicas de Dios. Así es como Dios multiplica su poder, «capturando a muchos de sus hijos». Así es como el Dios Único se convierte en los muchos en manifestación (en manifiesta acción).

En lo referente a la multiplicación de la Deidad —el acto de partir un pan entero en muchas porciones o en las partes de Dios que componen la humanidad—, las almas que evolucionan en la Tierra, sirviendo al Dios Único, reciben más poder a medida que un número cada vez mayor de la humanidad asciende de regreso a la Deidad y contribuye con su moméntum de bondad para leudar toda la pieza de pan.

El amado Jesús dijo: «Voy, pues, a preparar lugar para vosotros [...] para que donde yo estoy, vosotros también estéis», y «El que en mí cree, las obras que yo hago, él las hará también; y aún mayores hará, porque yo voy al Padre»[5].

Todo Maestro Ascendido, ya que ha regresado al corazón del Padre, intensifica una mayor acción de la luz por medio de la cualificación del prisma de su conciencia individualizada de Maestro Ascendido. Esto es la colmena de actividad cósmica.

-12-

«¡Mandadme!»

por los Mensajeros

Leemos en el libro de Isaías la palabra del Señor que vino al profeta: «YO SOY el Señor, y ninguno más hay; no hay Dios fuera de mí. Yo te ceñiré[1], aunque tú no me conociste»[2]. Si el hombre no necesitara la ceñidura del Señor —un círculo de protección que sólo Dios es capaz de dar—, entonces el Señor no lo proveería cuando el hombre no lo conoce.

El versículo siguiente aclara el requisito de la Ley con respecto a la manifestación de la gracia de Dios y de su protección:

Así dice el Señor, *la Ley de la Palabra:*
El Santo de Israel, *el Sagrado Unificador
(el Fuego Único)* de todo lo que es real
Y su Formador *el Originador del hombre,
la Presencia YO SOY,*
Preguntadme de las cosas por venir acerca de mis hijos
*Pedidme dispensaciones de misericordia
en favor de mi progenie,*
Y acerca de la obra de mis manos,
MANDADME[3].

Aquí Dios os ruega no sólo que le pidáis gracia y misericordia para que éstas abunden en la Tierra como en el cielo, sino además que le ordenéis, que ordenéis a su energía para que haga su voluntad en y a través de vosotros, para que haga sus obras en la Tierra y en vuestras vidas. En realidad, Él os dice que tenéis que ordenarlo que descienda a vuestro ser si deseáis sentirlo conscientemente.

¿Por qué es así? El motivo es claro: Dios os dio el don del libre albedrío y la responsabilidad de dominar la Tierra[4], cediéndoos por tanto su propia jurisdicción en el reino del escabel[5].

Si en el ejercicio diario del libre albedrío, y en el transcurso de la toma de dominio sobre la Tierra, deseáis la ayuda del Altísimo, tenéis que ordenarle que descienda a vuestros mundos, a vuestras vidas, del mismo modo en que Jesús enseñó a sus discípulos a orar —en imperativo—, diciendo: «¡Venga tu reino! ¡Hágase tu voluntad, como en el cielo, así también en la tierra!»[6].

Al unir consciente y voluntariamente vuestras fuerzas a las de Dios, unificando y sometiendo vuestra voluntad a la divina, y al darle luego la orden al Todopoderoso que entre en vuestros mundos para ejercer su dominio, le devolvéis la autoridad que os dio.

De esta manera, el alma se llena e inflama con el Espíritu de Dios y os convertís en la suprema manifestación de la autoridad de Dios, su voluntad y su dominio en la Tierra. El ritual de pedir para recibir, de buscar para hallar y de llamar para que la puerta se abra[7], es la clave que conduce al autodominio por medio de la cooperación consciente con Dios.

Si deseáis vencer a la imagen sintética en el ser y en la sociedad, tenéis que reemplazar los vestigios de su sentimiento pecaminoso de servilismo a un dios iracundo y vengativo, con el entendimiento científico de la ley cósmica, que declara: «El llamado exige la respuesta». El Dios real ha desafiado al hombre a comprobar esta ley en su vida diaria: «Probadme ahora en esto, dice el Señor de los Ejércitos, si no os abriré las ventanas de los cielos y derramaré sobre vosotros bendición hasta que sobreabunde»[8].

Podéis «probar al Señor» por medio de la autoridad del Logos Divino, el Cristo Universal, personalizado por medio del

Ser Crístico individual y de todos los que han vencido al mundo como lo hizo Jesús en su personificación del Hijo de Dios. En su nombre, por tanto, podéis y debéis invocar el fuego sagrado del Espíritu de Dios y ordenarle que eleve vuestra alma a la unión con el Mediador Divino.

Si os parece difícil creer que los mortales puedan estar investidos con la autoridad para dar órdenes a Dios, permitidnos explicaros que cuando el Señor dice «mandadme», se está dirigiendo directamente al Hombre Real a quien Él creó y no a la imagen sintética.

«Pero —podéis decir— todavía no estoy manifestando completamente el Hombre Real». El Amado Discípulo, quien era el más cercano a Nuestro Señor en su devoción al Cristo, ha explicado: «Hasta que vuestra conciencia sintética sea reemplazada por la real, "abogado tenemos para con el Padre"[9], el Cristo, en cuyo nombre podéis, con la plena autoridad de vuestra Presencia Divina, ordenar que las energías del Espíritu Santo entren en acción».

El Yo Crístico, amado realmente por Dios como el Mediador de la divinidad del hombre, es el instrumento para la transformación alquímica de los cuatro cuerpos inferiores y para la evolución de la conciencia del alma. Cuando invocáis la luz de Dios en su nombre, el Mediador desciende al campo energético de vuestra conciencia en evolución, y pronuncia a través de vosotros la Palabra sagrada que demuestra la Ley como arriba, así abajo, en la gran manifestación de la Vida abundante. El Cristo es, pues, el don perfecto que desciende del Padre de Luces, con quien (con cuya Ley) no hay mudanza ni sombra de variación[10].

Porque fueron considerados dignos de ser acogidos por Dios, todos los que se han unificado con la Imagen Real son dignos de ordenarle que entre en acción en el mundo de la forma. Por tanto, podéis mandar al Señor no sólo en el nombre de Jesús el Cristo, sino también en el nombre de todo ser ascendido y de todo ser cósmico que haya ganado su libertad inmortal mediante la reunión del alma con el Cristo y con el Espíritu de la Presencia YO SOY.

Las órdenes dadas en el nombre de los hijos e hijas de Dios

ascendidos son, por tanto, un sacrificio aceptable ante el Dios viviente. Éstas sustituyen la supuesta necesidad de holocaustos y de sacrificios de animales o de seres humanos[11] que durante siglos, antes y durante la dispensación cristiana, se han colocado en el altar del Altísimo en la errónea creencia de que son requeridos como expiación por los pecados de la especie humana.

Aunque el Señor hizo saber a Abraham que no requería del sacrificio de su único hijo, aunque claramente había hablado a través del profeta Samuel: «He aquí que el obedecer es mejor que los sacrificios, mejor la atención que la grasa de los carneros»[12], la influencia de esta antigua costumbre prevaleció incluso hasta en los tiempos de Jesús. Y la doctrina errónea —que él nunca enseñó— concerniente al sacrificio de la sangre de Jesús[13] se ha perpetuado hasta nuestros tiempos como residuo de un rito pagano, refutado desde hace mucho tiempo por la Palabra del Señor.

Dios Padre no requería el sacrificio de su hijo Cristo Jesús ni el de ninguna otra encarnación del Cristo como expiación de los pecados del mundo; según la ley cósmica, tampoco es posible que el sacrificio de ningún hombre salde el pecado original o los pecados subsecuentes —el karma— de uno o de muchos.

Sin embargo, el sacrificio del yo inferior de un hombre —que conduce a la sublime reunión del alma con el Cristo— puede posponer el retorno del karma individual y planetario durante un período prescrito de gracia, en el cual la misericordia de la Ley prolonga para la humanidad la oportunidad de hacer el mismo sacrificio de la conciencia humana a cambio de la divina.

Tan sólo el uso correcto del poder de la Palabra hablada, el Logos Divino, puede expiar los pecados de la humanidad. Tan sólo la luz del Espíritu Santo que fluye a través del Cuerpo de Cristo (simbolizado por el cuerpo y la sangre)[14] puede transformar lo mortal en lo inmortal. Por tanto, tan sólo el sacrificio de las energías mal cualificadas del cinturón electrónico[15] por medio del ritual de la transmutación puede redimir la luz Crística en el hombre.

En verdad, el hombre sacrifica su identidad Crística cuando

no ofrece la Palabra sagrada al Todopoderoso «en memoria de mí»[16]. En verdad, no es redimido hasta que tome de la Eucaristía del fuego sagrado e invoque a través de su ser la esencia consagrada del Dios Padre/Madre.

Por tanto, nos conviene orar como el antiguo salmista: «Sean gratos los dichos de mi boca y la meditación de mi corazón delante de ti, oh Señor, roca mía y redentor mío»[17].

Los siguientes mandatos son ejemplos de la Palabra aceptable del Señor que pueden pronunciarse por y a través del hombre:

> ¡En el nombre del Unigénito del Padre manifestado en todo niño del Dios Padre/Madre, ordeno al Todopoderoso que envíe paz a la Tierra y buena voluntad a los justos!

> ¡En el nombre de Jesús el Cristo, ordeno que la luz de Dios se expanda en los corazones de toda la humanidad, que restaure el recuerdo de su herencia divina y que cumpla su diseño Divino!

> ¡En el nombre de Saint Germain, ordeno que la llama de la libertad del corazón del Todopoderoso se expanda y envuelva la Tierra, e inspire a todo hombre, mujer y niño a reclamar su libertad inmortal, su Autoconocimiento Crístico y la manifestación divinamente victoriosa del cumplimiento de su plan divino!

> ¡En el nombre del Arcángel Miguel, ordeno que todo el moméntum acumulado de poder, sabiduría y amor cósmicos en el centro mismo del potencial creativo universal del Señor proteja con la luz de Dios que nunca falla a los hijos de la luz, a los gobiernos de las naciones nombrados por Dios y todo esfuerzo constructivo sobre el planeta!

> ¡En el nombre del Señor Buda, te ordeno, oh Dios, que realices este santo acto a través de mí!

> ¡En el nombre de los Seres Crísticos de toda la humanidad, ordeno al Todopoderoso que entre en acción

y tome dominio sobre la vida y las actividades de la juventud del mundo, guiándola a la Tierra Prometida como hiciste con los hijos de Israel, promesa que se cumple a través de las verdaderas enseñanzas del Cristo!

¡En el nombre de los santos y de los seres ascendidos de todas las eras y por el pleno poder de su moméntum de devoción a la luz, ordeno a la conciencia del Cristo Cósmico del Todopoderoso que se expanda en los corazones y mentes de todos los que estén preparados a recibirlo como un niño pequeño!

¡En el nombre de la Madre María, ordeno al Dios Padre/Madre que haga un milagro de perfección propio del Ascendido Jesucristo manifestado ahora en una Era Dorada de iluminación y de paz!

A todos los que se han reunido con la Deidad por medio del ritual de la ascensión —debido a que son uno con Dios; por tanto, son Dios en acción— también se les puede dar órdenes en el nombre de Dios y de su Cristo. Así, es aceptable para las huestes celestiales y para el Altísimo recibir los mandatos de las almas no ascendidas para entrar en acción en el mundo de la forma material, al servicio del Señor.

Por ley cósmica, a estos siervos de Dios y de su Cristo no les es permitido interceder por y en beneficio de la humanidad, a menos que sean invocados en el nombre de una o más personas de la Trinidad. Por tanto, es totalmente aceptable y correcto orar de la siguiente manera:

¡En el nombre del Dios Todopoderoso, ordeno que todo el moméntum de luz acumulado desde el corazón del Arcángel Miguel y de sus legiones de relámpago azul descienda a la Tierra y tome el mando este día!

¡Toma el mando de todas las fuerzas del anticristo y de todo lo que se oponga a la manifestación de la luz del Divino Hijo Varón en toda alma que aquí habita!

Te rogamos, oh Defensor de la Fe, en el nombre del Cristo, del Unigénito del Dios Padre/Madre, que se haga la voluntad de Dios, que el amor de Dios aparezca y que la sabiduría de Dios sea conocida en los cuatro puntos cardinales de la Tierra y en toda nación.

Con el triple poder de la llama de la libertad, ¡libera a los cautivos!

¡Te damos las gracias y lo aceptamos hecho en esta hora con el pleno poder y en el nombre del Espíritu Santo! Amén.

-13-

Llamados al Arcángel Miguel para protección

La Armadura Azul de San Miguel

En el nombre de la amada, poderosa y victoriosa Presencia de Dios, YO SOY en mí, mi propio amado Santo Ser Crístico, Santos Seres Crísticos de toda la humanidad, amado Arcángel Miguel, amado Lanello, todo el Espíritu de la Gran Hermandad Blanca y la Madre del Mundo, vida elemental: ¡fuego, aire, agua y tierra!, yo decreto:

1. San Miguel, San Miguel,
   Invoco tu llama,
   ¡Libérame ahora,
   Esgrime tu espada!

Estribillo: Proclama el poder de Dios,
   protégeme ahora.
   ¡Estandarte de Fe
   despliega ante mí!
   Relámpago azul
   destella en mi alma,
   ¡radiante YO SOY
   por la Gracia de Dios!

2. San Miguel, San Miguel,
      Yo te amo, de veras;
   ¡Con toda tu gran Fe
      Imbuye mi ser!

3. San Miguel, San Miguel
      Y legiones de azul;
   ¡Selladme, guardadme
      Fiel y leal!

Coda:
   ¡YO SOY saturado y bendecido
   con la llama azul de Miguel,
   YO SOY ahora revestido
   con la armadura azul de Miguel! (3x)*

   ¡Y con plena Fe, conscientemente yo acepto que esto se manifieste, se manifieste, se manifieste! (3x). ¡Aquí y ahora mismo
con pleno Poder, eternamente sostenido, omnipotentemente
activo, siempre expandiéndose y abarcando el mundo hasta que
todos hayan ascendido completamente en la Luz y sean libres!
   ¡Amado YO SOY! ¡Amado YO SOY! ¡Amado YO SOY!

---

*Repetir la coda tres veces.

Lord Michael's Blue-Flame Armor

In the name of the beloved mighty victorious Presence of God, I AM in me, my very own beloved Holy Christ Self, Holy Christ Selves of all mankind, beloved Archangel Michael, beloved Guru Ma and Lanello, the entire Spirit of the Great White Brotherhood and the World Mother, elemental life—fire, air, water, and earth! I decree:

1. Lord Michael, Lord Michael,
     I call unto thee—
   Wield thy sword of blue flame
   And now cut me free!

Refrain: Blaze God-power, protection
     Now into my world,
   Thy banner of faith
     Above me unfurl!
   Transcendent blue lightning
     Now flash through my soul,
   I AM by God's mercy
     Made radiant and whole!

2. Lord Michael, Lord Michael,
     I love thee, I do—
   With all thy great Faith
     My being imbue!

3. Lord Michael, Lord Michael
     And legions of blue—
   Come seal me, now keep me
     Faithful and true!

Coda:
   I AM with thy blue flame
   Now full—charged and blest,
   I AM now in Michael's
   Blue-flame armor dressed! (3x)*

And in full Faith...

---

*Repeat the coda three times.

Protección de Luz

Amada, poderosa y victoriosa Presencia de Dios, YO SOY en mí, mi propio amado Santo Ser Crístico, Santos Seres Crísticos de toda la humanidad, amado El Morya, amados Poderosos Hércules y Amazonia, amado Arcángel Miguel y Fe y sus legiones de ángeles del relámpago azul, amado K-17, amada Diosa de la Luz, amado Maestro Ascendido Cuzco, amados Orómasis y Diana, amado Lanello, todo el Espíritu de la Gran Hermandad Blanca y la Madre del Mundo, vida elemental: ¡fuego, aire, agua y tierra! En vuestro nombre, por y a través del poder magnético de la inmortal y victoriosa llama trina de amor, sabiduría y poder afianzada dentro de mi corazón y la cruz de llama azul, yo decreto:

1. Protección de Luz manifestada
   Santa Hermandad de blanco,
   Luz de Dios que nunca falla,
   ¡mantennos en tu perfecta visión!

Estribillo:
   YO SOY, YO SOY, YO SOY la fuerza poderosa de
      protección,
   YO SOY, YO SOY, YO SOY protegido a cada hora,
   YO SOY, YO SOY, YO SOY la poderosa cascada de
      perfección
   ¡Manifestada, manifestada, manifestada!

2. San Miguel, poderoso y verdadero,
   protégenos con tu espada azul.
   ¡Mantennos centrados en la radiante
   Armadura de Luz resplandeciendo brillante!

3. ¡Destella tu espada de fe a nuestro alrededor,
   Poderosa fuerza de gracia sagrada,
   ¡YO SOY invencible protección siempre
   Emanando desde tus deslumbrantes rayos!

¡Y con plena Fe...

Light's Protection

Beloved mighty victorious Presence of God I AM in me, my very own beloved Holy Christ Self, Holy Christ Selves of all mankind, beloved El Morya, beloved Mighty Hercules and Amazonia, beloved Archangel Michael and Faith and their legions of blue-lightning angels, beloved K-17, beloved Goddess of Light, beloved Ascended Master Cuzco, beloved Oromasis and Diana, beloved Lanello, the entire Spirit of the Great White Brotherhood and the World Mother, elemental life—fire, air, water, and earth! In thy name, by and through the magnetic power of the immortal, victorious, threefold flame of love, wisdom, and power anchored within my heart and the cross of blue flame, I decree:

1. Light's protection manifest
   Holy Brotherhood in white,
   Light of God that never fails,
   Keep us in thy perfect sight!

Refrain:
   I AM, I AM, I AM protection's mighty power,
   I AM, I AM, I AM guarded every hour,
   I AM, I AM, I AM perfection's mighty shower
   Manifest, manifest, manifest!

2. Lord Michael, mighty and true
   Guard us with thy sword of blue.
   Keep us centered in the Light's
   Blazing armor shining bright!

3. Around us blaze thy sword of faith—
   Mighty power of holy grace,
   I AM invincible protection always
   Pouring from thy dazzling rays!

And in full Faith...

Relámpago Azul es Tu Amor

En el nombre de la amada, poderosa y victoriosa Presencia de Dios, YO SOY en mí, Santos Seres Crísticos de toda la humanidad, amados Arcángel Miguel y Fe, los siete amados arcángeles y sus complementos divinos, sus legiones de ángeles de fuego blanco y de relámpago azul, amado Lanello, todo el Espíritu de la Gran Hermandad Blanca y la Madre del Mundo, vida elemental: ¡fuego, aire, agua y tierra! Yo decreto por un triple anillo azul de protección alrededor de los estudiantes de los Maestros Ascendidos, de América y del mundo:

1. Relámpago azul es tu Amor,
   Fluye para librar a todos;
   Relámpago azul es tu Poder,
   En Dios todo lo veo;
   Relámpago azul es tu Mente,
   En la Verdad pura encuentro.

Estribillo:
   Luz vencerá,
   Luz nos unirá.
   Luz del sol de fuego azul,
   ¡Ordena que seamos ahora totalmente libres!

2. Relámpago azul es tu Ley,
   Destella como santa admiración;
   Relámpago azul es tu Nombre,
   Enciende el altar de nuestro corazón;
   Relámpago azul que libera,
   En Dios siempre estaré.

¡Y con plena Fe, conscientemente yo acepto que esto se manifieste, se manifieste, se manifieste! (3x). ¡Aquí y ahora mismo con pleno Poder, eternamente sostenido, omnipotentemente activo, siempre expandiéndose y abarcando el mundo hasta que todos hayan ascendido completamente en la Luz y sean libres! ¡Amado YO SOY! ¡Amado YO SOY! ¡Amado YO SOY!

Blue Lightning Is Thy Love

In the name of the beloved mighty victorious Presence of God, I AM in me, Holy Christ Selves of all mankind, beloved Archangel Michael and Faith, the seven beloved archangels and their divine complements, their legions of white-fire and blue-lightning angels, beloved Lanello, the entire Spirit of the Great White Brotherhood and the World Mother, elemental life —fire, air, water, and earth! I decree for a triple blue-ring protection around the students of the Ascended Masters, America and the world:

> 1. Blue lightning is thy Love,
>   Flood forth to free all;
>   Blue lightning is thy Power,
>   In God I see all;
>   Blue lightning is thy Mind,
>   In pure Truth I find.
>
> Refrain:
>   Light will overcome,
>   Light will make us one.
>   Light from blue-fire sun,
>   Command us now all free!
>
> 2. Blue lightning is thy Law,
>   Blaze forth as holy awe;
>   Blue Lightning is thy Name,
>   Our heart's altar do enflame;
>   Blue lightning maketh free,
>   In God I'll ever be.

And in full Faith I consciously accept this manifest, manifest, manifest! (3x) right here and now with full Power, eternally sustained, all powerfully active, ever expanding, and world enfolding until all are wholly ascended in the Light and free!

Beloved I AM! Beloved I AM! Beloved I AM!

Protección de Viaje

¡San* Miguel delante, San Miguel detrás,
San Miguel a la derecha, San Miguel a la izquierda,
San Miguel arriba, San Miguel abajo,
San Miguel, San Miguel doquiera que voy!

¡YO SOY su Amor protegiendo aquí!
¡YO SOY su Amor protegiendo aquí!
¡YO SOY su Amor protegiendo aquí! (3x)†

---

*Señor se usa en esta oración como término honorífico, que denota que el Arcángel Miguel lleva consigo el poder y la presencia de Dios.
†Repetir la sentencia completa tres veces o en múltiplos de tres.

Pronunciad este decreto en voz alta mientras vais conduciendo, y en voz baja cuando viajéis en medios de transporte públicos. Visualizad al Arcángel Miguel y a sus legiones de luz acompañándoos y sellándoos a vosotros mismos, a vuestros seres queridos y a todos los vehículos en tierra, mar y aire con un muro invencible de llama azul protectora —anillo sobre anillo de intensa energía azul zafiro—, y contemplad al poderoso ángel de las huestes del Señor como vuestro defensor y el defensor de todos los hijos de Dios.

Traveling Protection

Lord* Michael before, Lord Michael behind,
Lord Michael to the right, Lord Michael to the left,
Lord Michael above, Lord Michael below,
Lord Michael, Lord Michael wherever I go!

I AM his Love protecting here!
I AM his Love protecting here!
I AM his Love protecting here! (3x)†

Lord is used in this prayer as a term of honor, denoting that Archangel Michael carries the power and presence of God.
†Repeat the entire decree three times or in multiples of three.

Give this decree in full voice when you are driving your car and softly on public forms of transportation. Visualize Archangel Michael and his legions of light accompanying you and sealing you, your loved ones, and all other vehicles on land and sea and in the air in an invincible wall of blue-flame protection—ring upon ring of intense sapphire blue energy—and see the mighty angel of the Lord's hosts as your defender and the defender of all children of God.

-14-

La dispensación
de la llama violeta

por El Morya

Chelas que también deseáis venir a Darjeeling:
    La humanidad que vive hoy en el mundo supone que la historia registrada es lo que es y que no se puede cambiar. No han contado con la llama violeta transmutadora.
    Esta llama es la energía del fuego sagrado que es el obsequio ofrecido por el Maestro Ascendido Saint Germain a los chelas de la voluntad de Dios en esta era. La dispensación para la liberación de la llama violeta, al alcance y para el uso de los estudiantes en este siglo, procede de los Señores del Karma debido a que Saint Germain se presentó ante ese augusto grupo para interceder por la causa de la libertad por y a favor de la humanidad. Ofreció a los Señores del Karma el moméntum de llama violeta acumulado en su chakra del corazón y en su cuerpo causal como un moméntum de energía de luz que dar a la humanidad con el fin de que pudieran experimentar con la alquimia de la autotransformación por medio del fuego sagrado.
    La llama violeta se ha utilizado siempre en los retiros de la Gran Hermandad Blanca situados en el plano etérico —el plano más elevado de la Materia—, donde presiden los Maestros Ascendidos, recibiendo únicamente a los chelas más meritorios para instruirles y entrenarles en el camino de la iniciación.

Quienes eran considerados dignos —adeptos de diversas religiones, miembros de sociedades secretas, comulgantes de la llama en las escuelas de misterio— recibían el conocimiento de la llama violeta después de haber demostrado ser generosos como receptores y como dadores de la libertad en el sendero de la liberación del alma.

Así, la llama violeta estaba reservada para unos pocos privilegiados hasta el momento en que Saint Germain se presentó ante los Señores del Karma con la propuesta de hacer que el conocimiento y el uso de la llama violeta estuviera al alcance de toda la humanidad. Declaró vigorosamente ante la Corte del Fuego Sagrado, abogando como defensor de los seres que evolucionan en la Tierra, que la llama violeta revolucionaría la especie humana y haría de ella una especie divina de seres libres en Dios.

Realmente, Saint Germain imaginó una «Raza YO SOY»[1] que fuese formada como precursora de la séptima raza raíz bajo el Gran Director Divino. Este bendito maestro de libertad, que había patrocinado el nacimiento de la nación llamada los Estados Unidos de América —este guardián de la conciencia Crística que recorrió el mundo siendo el protector de María y de Jesús, este San José, este Tío Sam[2]—, presagió que la tierra de América, de norte a sur, y finalmente todo el hemisferio, sería la tierra destinada a ser refugio para la Madre Divina y su progenie.

Puesto que él estaba destinado a ser el Maestro de la era de Acuario y el Dios de la Libertad para la Tierra, los Señores del Karma estuvieron de acuerdo con el plan maestro con la siguiente estipulación: primero entregarían la llama violeta a un cierto núcleo de devotos encarnados, quienes, a niveles internos, prometerían utilizar esa llama con honor para la bendición y la libertad de toda vida. Si este experimento tenía éxito, permitirían que el conocimiento de la llama fuera accesible a las masas.

Estoy aquí para deciros que la dispensación para que los chelas invocasen esta llama fuera de los retiros de la Gran Hermandad Blanca nunca se hubiera concedido si no hubiese sido por el hecho de que Saint Germain ofreció en garantía ante el altar de la humanidad su moméntum personal de las energías de la libertad acumuladas en su alma durante miles de años.

Pues sabed que cuando los Señores del Karma concedieron la dispensación por medio de la intercesión de este ser ungido sabían perfectamente que, dado el libre albedrío y dada la propensión de la humanidad a utilizar indebidamente ese libre albedrío, era completamente posible que un cierto número de personas hicieran mal uso de estas energías sagradas, como ya lo habían hecho en el pasado en los días de las antiguas Lemuria y Atlántida. Si ocurriera esto, alguien tendría que compensar la diferencia.

Saint Germain entendió perfectamente bien este principio de la ley cósmica. En beneficio de unos pocos, y finalmente de los muchos que harían un uso espléndido de la llama violeta, estuvo dispuesto a renunciar y a sacrificar esa porción de su moméntum que sería mal usada y atribuirse ese mal uso como un gasto necesario en el laboratorio de la conciencia de la humanidad.

Con ello estaba, en efecto, garantizando los experimentos, no solamente de los alquimistas del fuego sagrado con quienes había trabajado personalmente a lo largo de los siglos, sino también del populacho que usaría y abusaría los fuegos alquímicos antes de alcanzar la iluminación de la mente Crística y estar centrado en la llama Crística, lo cual es necesario para el uso responsable de la llama violeta.

Vosotros, que estáis viviendo en las últimas décadas del siglo [xx y en adelante], sois los beneficiarios de este legado que Saint Germain compró con un precio[3]. el amor irresistible del Maestro Saint Germain, cuyo amor por vosotros, aun antes de que encarnarais, fue tal que estuvo dispuesto a dar parte de su vida para que pudierais vivir en la plenitud de vuestro Autoconocimiento Divino individual.

Además, tenéis una deuda de gratitud con los primeros devotos que, de hecho, invocaron la llama con pureza y devoción intensas por la causa de la libertad de la humanidad y, por tanto, hicieron posible la segunda fase de la dispensación por la que se os ha dado a vosotros y a otros muchos el conocimiento de la llama violeta en años recientes.

Dondequiera que estéis, al leer mis palabras podéis empezar a experimentar la maravillosa acción del fuego violeta recorriendo vuestras venas, penetrando las capas del templo físico —la corriente sanguínea, el sistema nervioso, el cerebro—, abriéndose paso por los chakras, girando vertiginosamente por el cuerpo etérico, pasando sobre las páginas del registro escrito de vuestras encarnaciones en la Tierra.

Línea por línea, letra por letra, la llama —inteligente, luminosa, dirigida por la mente de Dios— libera las energías, electrón por electrón, de todos los abusos pasados del fuego sagrado. De manera que ni una jota ni una tilde pasará de la ley del karma hasta que todo se haya cumplido[4] en la libertad del fuego violeta.

Si deseáis beneficiaros de esta energía milagrosa, si deseáis que os visite el genio de la lámpara de la libertad, el Maestro Saint Germain mismo, sólo tenéis que hacer el llamado. Pues el fíat del Dios Todopoderoso ha sido emitido, y es ley cósmica: ¡El llamado obliga la respuesta!

Pero el llamado es un llamado muy especial. No es la petición de la conciencia humana, sino el mandato de vuestro Yo Real, vuestro propio ser verdadero, el mediador entre la Presencia YO SOY y el alma. Por eso declaráis:

«En el nombre del Yo Crístico y en el nombre del Dios vivo, invoco las energías del fuego sagrado desde el altar dentro de mi corazón. En el nombre del YO SOY EL QUE YO SOY, invoco la llama violeta para que resplandezca desde el centro de la llama trina, desde el núcleo de fuego blanco de mi Presencia YO SOY, multiplicada por el moméntum del bendito Maestro Ascendido Saint Germain.

»Invoco dicha luz para que penetre mi alma y active mi memoria anímica de libertad y el proyecto original del destino de mi alma. Invoco la llama violeta transmutadora para que atraviese mis cuatro cuerpos inferiores y la conciencia de mi alma para transmutar la causa y núcleo de todo lo que sea inferior a mi perfección Crística, todo lo que no esté de acuerdo con la voluntad de Dios para mi corriente de vida.

»Que así sea, por las lenguas hendidas del fuego del Espíritu Santo[5] en cumplimiento de la acción de ese fuego sagrado como arriba, así abajo. Y acepto que esto se cumpla en este momento con el pleno poder del Dios vivo que incluso ahora declara dentro de mi alma: "YO SOY QUIEN YO SOY"».

La llama violeta procede del rayo violeta, ese aspecto de la luz blanca al cual llamamos séptimo rayo. Es realmente el aspecto de séptimo rayo del Espíritu Santo. Tal como la luz del sol al pasar a través de un prisma es refractada en el arco iris de los siete rayos de colores, así a través de la conciencia del Espíritu Santo la luz del Cristo es refractada para ser utilizada por la humanidad en los planos de la Materia.

Cada uno de los siete rayos es una fuerza activamente concentrada de la luz de Dios que tiene un color y una frecuencia específicos. Cada rayo puede manifestarse también como una llama de un mismo color y una misma vibración. La aplicación de la llama tiene como resultado una acción específica del Cristo en el cuerpo y en el alma, en la mente y en el corazón. Iremos considerando los otros seis aspectos del fuego sagrado a medida que vayamos avanzando en nuestro curso[6].

Examinemos ahora lo que sucede cuando el específico del fuego violeta se aplica a las condiciones recalcitrantes de la conciencia humana. Cuando, por un acto de vuestro libre albedrío, invocáis la llama violeta y entregáis a la llama estas condiciones indeseables y adversas, el fuego instantáneamente comienza la labor de romper las partículas de sustancia que son parte de la acumulación masiva de cientos e incluso miles de encarnaciones en las que, por ignorancia, permitisteis que se registraran —a través de vuestra conciencia, por medio de vuestra atención, pensamientos y sentimientos, palabras y acciones— todas las condiciones degradantes de las que la raza humana es heredera.

Confío en no tener que enumerar las aparentemente interminables (pero definitivamente finitas) cualidades de limitación enviadas a los éteres —proyectiles de la mente carnal— que han llenado los espacios abiertos entre los electrones y los núcleos de los átomos con las densidades de la carnalidad de la humanidad.

Lo creáis o no, esta energía puede ser tan dura como el cemento o tan pegajosa como la melaza cuando se registra en los cuatro cuerpos inferiores, causando obstinación mental, dureza de corazón y una falta de sensibilidad hacia las necesidades de otros y creando una masa densa que impide al alma recibir las comunicaciones del Espíritu Santo.

Tan grueso es el muro de la densidad de los hombres, una capa tras otra de sus abusos del fuego sagrado, que ni siquiera reconocen que los Maestros Ascendidos son sus libertadores ni pueden tampoco ponerse en contacto con el bendito Yo Crístico, su propio mediador de perfección que confirmaría la realidad de los Maestros Ascendidos.

Cuando se invoca la llama violeta, ésta deshace la sustancia densa y atraviesa y transforma esa oscuridad en luz. Dado que cada condición humana es la perversión de una condición divina, línea por línea, medida por medida, la conciencia humana se convierte en la divina y la energía que estaba aprisionada en depósitos de mortalidad se libera para entrar en cavidades de inmortalidad. Y cada vez que se libera una medida de energía, una medida de un hombre asciende al plano de la conciencia Divina.

Conforme empecéis a usar la llama violeta, experimentaréis sentimientos de alegría, ligereza, esperanza y renovación de vida como si las nubes de depresión se fueran disolviendo por el mismísimo sol de vuestro ser. Y la opresión de las energías muy oscuras y malsanas de la esclavitud humana, literalmente, se derrite al calor ferviente de los fuegos violetas de la libertad.

El Señor Zadquiel, Arcángel del Séptimo Rayo, se aseguró de que los chelas de la nueva era comprendieran la alegría de la llama, así que la llamó la llama violeta cantarina. Realmente esta presencia llameante hace que los átomos y moléculas de vuestro ser «canten» mientras recuperan su frecuencia normal y, por tanto, se sintonizan con la nota clave de vuestra corriente de vida.

Esta nota clave es el sonido del acorde de vuestra Presencia YO SOY. Y cuando, por la acción de la llama violeta, liberáis las energías de vuestros cuatro cuerpos inferiores para responder a este acorde, el maravilloso mundo del microcosmos se mueve en armonía con el gran macrocosmos de vuestra Presencia YO SOY y cuerpo causal.

La llama violeta perdona mientras libera, consume mientras transmuta, limpia los registros de karma pasado (saldando así las deudas que tenéis con la vida), equilibra el flujo de energía entre vosotros y otras corrientes de vida, y os impulsa a los brazos del Dios vivo.

Día a día ascendéis más y más en los planos de conciencia de vuestro Yo Crístico a medida que usáis la acción depuradora de la llama violeta y sentís cómo las paredes mismas de vuestro cuerpo mental son limpiadas. Podéis imaginar esta acción en vuestro cuerpo del deseo como si vuestras emociones fueran puestas a remojo en una solución química de un líquido pur-púreo que disuelve la suciedad que se ha acumulado durante décadas en la celosía de vuestro mundo de sentimientos.

Cada día, en cualquier forma, la llama violeta limpia y renueva las células de vuestro cuerpo, las células de vuestra mente y el glóbulo de vuestra alma, puliendo la joya de la con-ciencia hasta que resplandece a la luz del sol, reluciente como una molécula pura del ser ofrecida en el altar del fuego sagrado como ofrenda aceptable para el Señor, vuestro regalo para Dios y para el hombre.

Y ¿qué mejor regalo hay que el de la individualidad? En realidad, esto es todo lo que tenéis para ofrecer. Y así, cuando utilizáis la llama violeta estáis entregando el yo empobrecido, el yo inferior, para que el ser que es real pueda actuar para incrementar las bendiciones de la conciencia de Dios por los siglos de los siglos.

Os recomiendo que utilicéis la llama violeta en el nombre y en la llama de Saint Germain. Y con sus palabras, digo a todos los que desean ser chelas de la voluntad de Dios: intentad (try). Pues, como ha dicho el Maestro Alquimista, en la palabra try está contenida la fórmula sagrada del ser: Theos = Dios; Rule = Ley; You (tú) = Ser; Theos + Rule + You = la ley de Dios activa como principio dentro de vuestro ser (TRY)[7].

Que las energías de la llama violeta den acceso a vuestro yo

verdadero mientras que limpian las incrustaciones del yo sintético. Que la llama violeta haga en vosotros las obras de Dios.
Hasta que nos volvamos a ver en Darjeeling, YO SOY

El Morya

Exponente de la Libertad
de la Voluntad de Dios

-15-

La Llama Violeta transmutadora

por Saint Germain

Me dirijo a todos los devotos de la perfección de la llama violeta:

Raras veces la humanidad se da cuenta de la gloriosa sabiduría de la mente de Dios que ideó la llama violeta transmutadora con toda su expansiva gloria cósmica. Es difícil para el mundo en su actual estado de desarrollo entender totalmente, desde el nivel de conciencia humana o por medio del poder de la mente humana, esas trascendentales acciones y actividades invisibles de los fuegos sagrados de Dios.

Cuando tratáis con la llama violeta transmutadora, no estáis tratando con un producto de vuestra imaginación. Cuando contempláis las acumulaciones masivas de vapor flotando perezosamente en el cielo y produciendo el siempre cambiante panorama que, en su pirotear, forman las nubes podéis comprender que lo que parecen espumas ondulantes de aire puede convertirse, de un momento a otro, en una turbulencia de destrucción imprevista.

Cuando el individuo común hace invocaciones para que la llama violeta transmutadora entre en acción, no tiene el poder de percibir la corriente danzante de electrones que actúan en el escenario de su conciencia, ni se da cuenta de la tremenda energía cósmica involucrada. Incluso algunos de vosotros no concebís ese gran potencial que trasciende tanto el tiempo como el espacio y que produce, en el momento presente de la

aventura de vuestras vidas, una bendita acción de transmutación o cambio cósmico que os mueve un paso hacia delante en
el Sendero.

Esto se efectúa a medida que la llama consume los depósitos negativos de energía que residen en vuestro mundo subconsciente y que producen esas manifestaciones alarmantes que
a menudo habéis lamentado. Así, por medio del divino proceso
nivelador, la llama prepara el camino para construir, en su
lugar, los más benignos y constructivos esfuerzos que vuestro
corazón pueda desear.

Es difícil para la humanidad rogar o aun aspirar a alturas
cósmicas de pensamiento y servicio si en el campo energético de
la mente del individuo no se ha establecido un precedente que
pueda servir de guía para desarrollar en el hombre la cualidad
de pedir lo que debería.

En esta *Perla** de enseñanza os presento el hecho de que, en
realidad, en el mundo subconsciente, incluso en el de los más
grandes santos, existen cámaras escondidas de horror astral que
requieren ser transmutadas. En un momento de descuido, éstas
pueden irrumpir, y a menudo lo hacen, a la superficie del ser,
alineándose con las fuerzas negativas más viciosas y destructi-
vas del planeta.

Así como los hombres sabios buscan una catarsis tanto en
su cuerpo físico como en su cuerpo emocional que los purifique
de sustancias residuales, también es esencial que purifiquen
toda su conciencia invocando para que entre en acción a la
bendita llama violeta, la cual concentra el poder de Dios para
perdonar y transmutar.

Muchos devotos logran, sin saberlo, invocar la llama violeta por medio del poder de la oración intercesora e invocan
realmente esas acciones del fuego sagrado de Dios, que en Occidente se denominan generalmente la acción del Espíritu Santo
y que en Oriente se relacionan con la destrucción de todo lo
que es irreal y con la purificación del velo de maya† por parte
del Señor Shiva.

---

*Perla se refiere a *Perla de Sabiduría*, véase capítulo 5. [N. del T.]
†*Maya*: palabra sánscrita que califica todo lo que es irreal e ilusorio. [N. del T.]

Recordad siempre, amados míos, que el exponerse a las llamas divinas, o el invocar el poder, la sabiduría y el amor espirituales en vuestros mundos, nunca puede alterar ni dañar parte alguna de vuestro ser que sea una manifestación de la perfección universal. Lo único que se puede desenmascarar o derribar son los campos energéticos de pensamiento y sentimiento humanos que refuerzan las fortalezas de Satanás y las semillas de Lucifer en la mente y en el corazón del individuo.

Tomemos, por ejemplo, una manifestación de lo que a menudo prevalece en las iglesias ortodoxas: el fariseísmo y la defensa de ese fariseísmo. Los partidarios de diferentes religiones no vacilan en echarse en cara los unos a los otros las más viles acusaciones de tergiversar la doctrina humana y las justificaciones de su propia interpretación favorita de la voluntad de Dios. Se pelean y riñen como criaturas felinas y arrojan por la ventana de sus vidas tanto los pensamientos bondadosos del amor misericordioso como la oportunidad de un mayor entendimiento.

¿No os dais cuenta de cuán insensato es para los seres humanos que profesan cumplir con la voluntad de Dios, [quien manifiesta] abrazar la causa de la fraternidad y de la misión curativa del Cristo, el permitirse caer en un estado mental en el cual consideran que el cielo mismo es incapaz de defender la Verdad viviente?

Tened mucho cuidado, entonces, amados míos, en conservar un espíritu dulce e inocente de obediencia a la voluntad de Dios y de no tender excesivamente a precipitaros en defensa de la Verdad; porque la Verdad es su propia y mejor defensa. No es que no apreciemos la lealtad, sino que apreciamos de igual manera la buena conducta.

No forma parte de la enseñanza del Dios viviente el adoctrinar a la humanidad con el espíritu luciferino de rebelión. La fuerza de rebelión es caótica y despoja al hombre de su paz.

Qué glorioso es cuando los hombres tratan de reproducir la armonía de las esferas internas en sus vidas y en sus tratos con los demás. Entonces son capaces de limpiar el camino ante su progreso en la vida y de percibir el propósito universal al manifestar su molde de perfección. De esta forma, se imprimen en la imagen humana esos aspectos de lo Divino que retornan al hombre a su propio Edén de perfección y que, al mismo tiempo, lo impulsan hacia esas diestras manifestaciones de la vida que demuestran el autodominio del adepto.

De vez en cuando, verdaderamente hemos acariciado la idea de desarrollar en el hombre un mayor poder sobre los elementos y sobre las manifestaciones de la naturaleza. Efectivamente hemos pensado en enseñar al neófito cómo doblegar la voluntad del universo para darle un mayor dominio, a fin de que pueda acelerar la victoria de la humanidad.

Siempre que hemos considerado seriamente este asunto, hemos buscado, como es nuestra costumbre, el consejo de los Señores del Karma y de esas inteligencias universales que están más avanzadas que nosotros en la escala de evolución cósmica. Y en cada caso, siempre se nos ha aconsejado que investiguemos los registros akáshicos* para comprender que la humanidad, debido a su falta de entendimiento, ha abusado de ese poder cada vez que se le ha concedido.

En el nombre del cielo, bienaventurados, los registros muestran claramente que el hombre ha abusado de sus poderes espirituales, perdiendo su embriónico estado de adepto, aun cuando tenía gran conocimiento espiritual. Por consiguiente, hemos pedido que la conciencia de los hombres —especialmente de los que veneran la voluntad de Dios— quede satisfecha con el desarrollo de la belleza del rayo de sabiduría en ellos mismos, de manera que, junto con su avance espiritual, pueda desarrollarse su fidelidad al rayo de la sabiduría, mientras que sus latentes poderes espirituales están, literalmente, explosionando.

En el pasado, muchos de entre la humanidad han tratado de desarrollar sus poderes espirituales mucho antes de haber desarrollado su sabiduría espiritual. Cuando la gente hace esto, surge la necesidad de que los Señores del Karma los releguen a las orillas de la vida hasta que sean capaces de seguir el sendero prescrito.

Por tanto, os insto a todos a que no paséis por alto el uso

Akásicos: de akasha; registro en el plano etérico en el que está grabado la memoria de todo lo acontecido en el universo. [N. del T.]

de la llama violeta transmutadora en ninguna etapa de vuestro desarrollo. Porque por medio de la llama se puede consumir en el altar del ser mucho que se verá privado así de la oportunidad de actuar en vuestro mundo.

Si los hombres en encarnación se tomaran el tiempo suficiente para experimentar con esta ley, se darían cuenta de que son capaces de frenar la manifestación del karma negativo en sus vidas por medio de las invocaciones al poder consumidor del Espíritu Santo en ésta su más directa y específica aplicación a las necesidades del hombre, que despeja el camino para el desarrollo de sus poderes espirituales latentes.

Al encomendarnos al Buen Pastor de Justicia, al encomendarnos a las leyes de la perfección infinita que se manifiesta en vuestros reinos infinitos, iniciáis el proceso del uso correcto de las más altas leyes que tan bellamente están reproduciendo la perfección en nuestras esferas.

Permitidme expresaros mi divina felicitación por haber llegado al Sendero, así como también imploro que mantengáis siempre abierta la entrada de la mente y del corazón al desarrollo tanto de la voluntad como del propósito universales. Así, una Estrella Divina nacida en vuestros corazones como un foco en miniatura del Gran Sol Central, se convertirá en la mente de brillo diamantino de Dios por medio del suministro de esos puntos de conocimiento que están tan estrechamente identificados con la brújula cósmica del propósito universal.

Yo lucho con vosotros por vuestro desarrollo en el sendero de devoción y servicio a las causas de la Hermandad y a la única Causa de Dios que deseamos glorificar.

Devotamente, quedo vuestro servidor

Sanctus Germanus

-16-

La llama violeta

por los Mensajeros

La llama violeta que todo lo consume es el aspecto del séptimo rayo del Espíritu Santo; ésta emerge del núcleo de fuego blanco como el amor omnipotente del azul combinado con el poder omnipresente del rosado*, refractados en el prisma de la conciencia Crística, y realiza la obra perfecta de la verdad que libera a todo hombre.

Esta cualidad del fuego sagrado es en verdad el ungüento universal que el hombre puede aplicar para la curación de toda su conciencia, ser y mundo. Custodiada por el Maestro Saint Germain como la llama de la libertad durante el próximo ciclo de dos mil años, la llama violeta transmutadora permite al hombre obtener su libertad de toda forma de esclavitud humana.

Llamada por el Señor Zadquiel la llama violeta cantarina, hace que los átomos de los cuatro cuerpos inferiores «canten» en armonía con el patrón original divino y con la nota clave de la Presencia Electrónica, mientras los diminutos electrones giran en órbita en perfecta consonancia con el patrón de identidad del alma.

La llama violeta es el vino espiritual del perdón, la cualidad de la misericordia que, como dijo Porcia, «No se agota», y que:

---

*Hace referencia al aspecto de las llamas, aparte de las carácterísticas de la Llama Trina (en la que el azul es equiparable a la fuerza y el rosa con el amor). [N. del T.]

«Cae como la suave lluvia del cielo
sobre la tierra: es doblemente bendita;
bendice al que da y al que recibe»[1].

Cuando el hombre no ascendido invoca la llama violeta,
ésta envuelve individualmente cada átomo de su ser. Se establece de manera instantánea una polaridad entre el núcleo
del átomo (el cual, siendo Materia, adopta el polo negativo)
y el núcleo de fuego blanco de la llama (que, siendo Espíritu,
adopta el polo positivo).

La doble acción de la luz en el núcleo del átomo y la luz en
la envolvente llama violeta establece una oscilación que hace
que las densidades no transmutadas se desalojen de entre los
electrones. A medida que esta sustancia se afloja, en dimensiones no físicas o «metafísicas» de la materia, los electrones empiezan a vibrar con una mayor cantidad de energía, arrojando
la sustancia mal cualificada a la llama violeta.

Al entrar en contacto con esta esencia ígnea de la llama de
la libertad, la energía mal cualificada se transmuta y la energía
de Dios es restaurada a su pureza original. Libre ya de los patrones de imperfección y restaurada al equilibrio más-menos de
Alfa y Omega, esta energía del Espíritu Santo regresa al Cuerpo
Causal del individuo, donde es guardada hasta que éste elija
usarla de nuevo para manifestar la noble obra del Cristo «en la
tierra como en el cielo».

Cualquier persona que establezca el contacto necesario y
ponga el esmero debido por medio de la llama trina dentro del
corazón puede invocar el fuego violeta y el tubo de luz en el
nombre del Cristo desde el corazón de Dios y desde el Cuerpo
Causal individual. Acerca de los beneficios de estas acciones
específicas de la llama, Kuthumi ha dicho: «Si todos supieran
cómo usar el tubo de luz y la llama violeta consumidora, y creyeran en este método de autotransformación, estoy seguro de
que el mundo sería un lugar diferente»[2].

-17-

Diez decretos de transmutación

por los Maestros de la Libertad

-1-
El mantra de Saint Germain para la era de Acuario
Variaciones sobre el tema

¡YO SOY un ser de fuego violeta!
¡YO SOY la pureza que Dios desea!

¡Mi familia es una familia de fuego violeta!
¡Mi familia es la pureza que Dios desea!

¡Mi hogar es un hogar de fuego violeta!
¡Mi hogar es la pureza que Dios desea!

¡Los Ángeles es una ciudad de fuego violeta!
¡Los Ángeles es la pureza que Dios desea!

¡California es un estado de fuego violeta!
¡California es la pureza que Dios desea!

¡América es un país de fuego violeta!
¡América es la pureza que Dios desea!

¡La Tierra es un planeta de fuego violeta!
¡La Tierra es la pureza que Dios desea!

¡Componed ahora vuestras propias variaciones sobre este tema! No os olvidéis de nombrar vuestra ciudad natal, vuestro estado, vuestro amado país y el mundo. También podéis dar este mantra para seres queridos especiales que estén en necesidad: «¡Juan es un ser de fuego violeta! ¡Juan es la pureza que Dios desea!»

-1-

Saint Germain's Mantra for the Aquarian Age
Variations on the Theme

I AM a being of violet fire!
I AM the purity God desires!

My family is a family of violet fire!
My family is the purity God desires!

My home is a home of violet fire!
My home is the purity God desires!

L.A. is a city of violet fire!
L.A. is the purity God desires!

California is a state of violet fire!
California is the purity God desires!

America is a land of violet fire!
America is the purity God desires!

Earth is a planet of violet fire!
Earth is the purity God desires!

Now create your own variations on the theme! be sure to name your ho-
metown, your state, your beloved country and world. You can also give
this mantra for special loves ones in need— «Jack is a being of violet fire!
Jack is the purity God desires!»

-2-
YO SOY la Llama Violeta
Un canto de llama violeta

En el nombre de la amada, poderosa y victoriosa Presencia de Dios, YO SOY en mí, y mi propio amado Santo Ser Crístico, llamo a los amados Alfa y Omega en el corazón de Dios en nuestro Gran Sol Central, amado Saint Germain, amada Porcia, amado Arcángel Zadquiel, amada Santa Amatista, amados Poderosos Arcturus y Victoria, amada Kuan Yin, Diosa de la Misericordia, amados Orómasis y Diana, amada Madre María, amado Jesús, amado Omri-Tas, regente del planeta violeta, amado Gran Consejo Kármico, amado Lanello, todo el Espíritu de la Gran Hermandad Blanca y la Madre del Mundo, vida elemental: ¡fuego, aire, agua y tierra!

Para que expandan la Llama Violeta dentro de mi corazón, purifiquen mis cuatro cuerpos inferiores, transmuten toda la energía mal cualificada que yo haya impuesto sobre la vida alguna vez y destelle el rayo curativo de la misericordia por toda la Tierra, los elementales y toda la humanidad, y respondan a éste mi llamado ahora, infinitamente y por siempre:

YO SOY la Llama Violeta en acción en mí ahora
YO SOY la Llama Violeta sólo ante la Luz me inclino
YO SOY la Llama Violeta en poderosa Fuerza Cósmica
YO SOY la Luz de Dios resplandeciendo a toda hora
YO SOY la Llama Violeta brillando como un sol
YO SOY el poder sagrado de Dios liberando a cada uno.

¡Y con plena fe...

La parte principal de este decreto puede cantarse a la melodía de «Santa Lucía», repitiéndose las dos últimas afirmaciones de YO SOY.

-2-
I AM the Violet Flame
A Violet Flame Chant

In the name of the beloved mighty victorious Presence of God, I AM in me, and my very own beloved Holy Christ Self, I call to beloved Alpha and Omega in the heart of God in our Great Central Sun, beloved Saint Germain, beloved Portia, beloved Archangel Zadkiel, beloved Holy Amethyst, beloved mighty Arcturus and Victoria, beloved Kuan Yin, Goddess of Mercy, beloved Oromasis and Diana, beloved Mother Mary, beloved Jesus, beloved Omri-Tas, ruler of the violet planet, beloved Great Karmic Board, beloved Lanello, the entire Spirit of the Great White Brotherhood and the World Mother, elemental life—fire, air, water, and earth!

To expand the violet flame within my heart, purify my four lower bodies, transmute all misqualified energy I have ever imposed upon life, and blaze mercy's healing ray throughout the earth, the elementals, and all mankind and answer this my call infinitely, presently, and forever:

> I AM The Violet Flame in action in me now
> I AM the Violet Flame to Light alone I bow
> I AM the Violet Flame in mighty Cosmic Power
> I AM the Light of God shining every hour
> I AM the Violet Flame blazing like a sun
> I AM God's sacred power freeing every one.

And in full faith...

The body of this decree may also be sung to the tune of «Santa Lucia» by repeating the final two I AM affirmations.

-3-
Radiante Espiral de Llama Violeta
Mandato a la Llama

En el nombre de la amada, poderosa y victoriosa Presencia de Dios, YO SOY en mí, mi propio amado Santo Ser Crístico, amado Lanello, todo el Espíritu de la Gran Hermandad Blanca y la Madre del Mundo, vida elemental: ¡fuego, aire, agua y tierra! Yo decreto:

¡Radiante espiral de Llama Violeta,
Desciende y resplandece ahora a través de mí!
¡Radiante espiral de Llama Violeta,
Libera, libera, libera!

¡Radiante Llama Violeta, oh ven,
Expande y resplandece tu Luz a través de mí!
¡Radiante Llama Violeta, oh ven,
Revela el Poder de Dios para que todos vean!
¡Radiante Llama Violeta, oh ven,
Despierta la Tierra y libérala!

¡Resplandor de la Llama Violeta,
Expande y bulle a través de mí!
¡Resplandor de la Llama Violeta,
Expande para que todos vean!
¡Resplandor de la Llama Violeta,
Establece avanzada de Misericordia aquí!
¡Resplandor de la Llama Violeta, ven,
Transmuta todo miedo ahora!

¡Y con plena Fe, conscientemente yo acepto que esto se manifieste, se manifieste, se manifieste! (3x). ¡Aquí y ahora mismo con pleno Poder, eternamente sostenido, omnipotentemente activo, siempre expandiéndose y abarcando el mundo hasta que todos hayan ascendido completamente en la Luz y sean libres! ¡Amado YO SOY! ¡Amado YO SOY! ¡Amado YO SOY!

-3-

Radiant Spiral Violet Flame

The Command to the Flame

In the name of the beloved mighty victorious Presence of God, I AM in me, my very own beloved Holy Christ Self, beloved Lanello, the entire Spirit of the Great White Brotherhood and the World Mother, elemental life—fire, air, water, and earth! I decree:

Radiant spiral Violet Flame,
Descend, now blaze through me!
Radiant spiral Violet Flame,
Set free, set free, set free!

Radiant Violet Flame O come,
Expand and blaze thy Light through me!
Radiant Violet Flame, O come,
Reveal God's Power for all to see!
Radiant Violet Flame, O come,
Awake the earth and set it free!

Radiance of the Violet Flame,
Expand and boil through me!
Radiance of the Violet Flame,
Expand for all to see!
Radiance of the Violet Flame,
Establish mercy's outpost here!
Radiance of the Violet Flame,
Come transmute now all fear!

And in full faith I consciously accept this manifest, manifest, manifest! (3x) right here and now with full Power, eternally sustained, all-powerfully active, ever expanding, and world enfolding until all are wholly ascended in the light and free!
Beloved I AM, Beloved I AM, Beloved I AM!

-4-
La Ley del Perdón
Oración y afirmación

Amada, poderosa y victoriosa Presencia de Dios, YO SOY en mí, amado Ser Crístico, amado Padre Celestial, amado Gran Consejo Kármico, amada Kuan Yin, Diosa de la Misericordia, amado Lanello, todo el Espíritu de la Gran Hermandad Blanca y la Madre del Mundo, vida elemental: ¡fuego, aire, agua y tierra! En el nombre y por el poder de la Presencia de Dios que YO SOY, y por el poder magnético del fuego sagrado investido en mí, invoco la ley del Perdón y la Llama Violeta Transmutadora por toda transgresión de tu Ley, toda desviación de tus alianzas sagradas. Restaurad en mí la Mente Crística, perdonad mis caminos injustos y errados, hacedme obediente a vuestros preceptos, dejad que camine humildemente con vosotros todos mis días. En el nombre del Padre, de la Madre, del Hijo y del Espíritu Santo, yo decreto por todos a los que haya ofendido alguna vez y por todos los que me hayan ofendido a mí alguna vez:

¡Fuego Violeta*, envuélvenos! (3x)

¡Fuego Violeta, guárdanos! (3x)

¡Fuego Violeta, libéranos! (3x)

YO SOY, YO SOY, YO SOY el que está rodeado
por un pilar de Llama Violeta*,
YO SOY, YO SOY, YO SOY el que abunda en
Amor puro por el gran nombre de Dios,
YO SOY, YO SOY, YO SOY completo
por tu patrón de Perfección tan bello,
YO SOY, YO SOY, YO SOY la radiante llama
de Amor de Dios que desciende gentilmente por el aire.

¡Desciende en nosotros! (3x)

¡Resplandece a través de nosotros! (3x)

¡Satúranos! (3x)

¡Y con plena Fe...

---

*«Fuego violeta» o «Llama Violeta» pueden sustituirse por «llama de misericordia» o por «llama morada».

-4-
The Law of Forgiveness
Prayer and Affirmation

Beloved mighty victorious Presence of God, I AM in me, beloved Holy Christ Self, beloved Heavenly Father, beloved Great Karmic Board, beloved Kuan Yin, Goddess of Mercy, beloved Lanello, the entire Spirit of the Great White Brotherhood and the World Mother, elemental life—fire, air, water, and earth! In the name and by the power of the Presence of God which I AM and by the magnetic power of the sacred fire vested in me, I call upon the law of forgiveness and the Violet Transmuting Flame for each transgression of thy Law, each departure from thy sacred covenants. Restore in me the Christ Mind, forgive my wrongs and unjust ways, make me obedient to thy code, let me walk humbly with thee all my days. In the name of the Father, the Mother, the Son, and the Holy Spirit, I decree for all whom I have ever wronged and for all who have ever wronged me:

> Violet Fire*, enfold us! (3x)
> Violet Fire, hold us! (3x)
> Violet Fire, set us free! (3x)

I AM, I AM, I AM surrounded by
　a pillar of Violet Flame*
I AM, I AM, I AM abounding in
　pure Love for God's great name,
I AM, I AM, I AM complete
　by thy pattern of Perfection so fair,
I AM, I AM, I AM God's radiant flame
　of Love gently falling through the air.

> Fall on us! (3x)
> Blaze through us! (3x)
> Saturate us! (3x)

And in full Faith...

---

* «Mercy's flame» or «purple flame» may be used in place of «violet fire».

-5-

Oh Saint Germain, Envía Llama Violeta

El llamado y la comunicación de la Palabra

Amada, poderosa y victoriosa Presencia de Dios, YO SOY en mí, tu llama autoalimentada inmortal de amor Crístico dentro de mi corazón, Santos Seres Crísticos de toda la humanidad, amado Maestro Ascendido Saint Germain, amada Madre María y amado Jesús el Cristo, el amado Maha Chohan, Arcángel Zadquiel, Príncipe Orómasis, todos los grandes seres, poderes y actividades de Luz que sirven a la llama violeta transmutadora, amado Lanello, todo el Espíritu de la Gran Hermandad Blanca y la Madre del Mundo, vida elemental: ¡fuego, aire, agua y tierra!

En el nombre y por el poder de la Presencia de Dios que YO SOY, y por el poder magnético del fuego sagrado investido en mí, invoco la poderosa presencia y el poder de todo vuestro moméntum acumulado de servicio a la Luz de Dios que nunca falla, y ordeno que sea dirigido por toda mi conciencia, ser y mundo, a través de mis asuntos, las actividades de The Summit Lighthouse y todas las actividades de los Maestros Ascendidos, por los siglos de los siglos.

En tu nombre, oh Dios, yo decreto:

1. Oh Saint Germain, envía Llama Violeta,
    Difúndela por lo más profundo de mi ser;
    Benditos Zadquiel y Orómasis,
    Aumentadla e intensificadla más y más.

Estribillo:
    Ahora mismo resplandece y satura,
    Ahora mismo expande y penetra;
    Ahora mismo libera para ser la mente de Dios,
    Ahora mismo y por la Eternidad.

2. YO SOY en la Llama y allí permanezco,
    YO SOY en el centro de la mano de Dios;
    YO SOY colmado y entusiasmado por el tono violeta,
    YO SOY saturado total y completamente.

3.   YO SOY la Llama de Dios dentro de mi alma,
      YO SOY la meta destelleante de Dios;
      YO SOY, YO SOY el fuego sagrado
      Siento el caudal de Júbilo inspirar.

4.   La Conciencia de Dios en mí
      Me eleva al Cristo que veo.
      Descendiendo ahora en Llama Violeta,
      Le veo venir a reinar por siempre.

5.   Oh Jesús, envía tu Llama Violeta,
      Santifica la esencia de mi ser;
      Bendita María, en el nombre de Dios,
      Auméntala e intensifícala más y más.

6.   Oh Poderoso YO SOY, envía Llama Violeta,
      Purifica la esencia de mi ser;
      Maha Chohán, Tú, Santo Ser,
      Expande, expande el bello sol de Dios.

Coda:
      Él me toma de la mano para decirme,
      Amo tu alma cada bendito día;
      Oh elévate conmigo por los aires,
      Donde florece la libertad
      sin preocupación alguna;
      Mientras la Llama Violeta siga ardiendo,
      Sé que ascenderé contigo.

¡Y con plena Fe...

Para llevar a cabo un experimento alquímico celestial en el laboratorio de vuestra alma, dad la parte principal de cada uno de estos diez
decretos a la Llama Violeta treinta y tres veces. (El preámbulo y el cierre
se dan sólo una vez.) Cada día que realicéis este ritual científico, observaréis la aceleración de la libertad Divina dentro del templo de vuestro ser.
Así, en este ciclo de la prealborada de la era de Acuario, experimentaréis
el cumplimiento de la palabra del Señor dada al profeta Samuel y de la
misión de Melquisedec, rey de Salem y Sacerdote del Altísimo.

-5-

O Saint Germain, Send Violet Flame

The Call and the Communication of the Word

Beloved mighty victorious Presence of God, I AM in me, thou immortal unfed flame of Christ-love within my heart, Holy Christ Selves of all mankind, beloved Ascended Master Saint Germain, beloved Mother Mary and beloved Jesus the Christ, the beloved Maha Chohan, Archangel Zadkiel, Prince Oromasis, all great beings, powers and activities of Light serving the violet transmuting flame, beloved Lanello, the entire Spirit of the Great White Brotherhood and the World Mother, elemental life—fire, air, water, and earth!

In the name and by the power of the Presence of God which I AM and by the magnetic power of the sacred fire vested in me, I invoke the mighty presence and power of your full-gathered momentum of service to the Light of God that never fails, and I command that it be directed throughout my entire consciousness, being and world, through my affairs, the activities of The Summit Lighthouse, and all Ascended Master activities, worlds without end.

In thy name, O God, I decree:

1. O Saint Germain, send Violet Flame,
   Sweep it through my very core;
   Bless'd Zadkiel, Oromasis,
   Expand and intensify more and more.

Refrain:
   Right now blaze through and saturate,
   Right now expand and penetrate;
   Right now set free, God's mind to be,
   Right now and for eternity.

2. I AM in the Flame and there I stand,
   I AM in the center of God's hand;
   I AM filled and thrilled by violet hue,
   I AM wholly flooded through and through.

3. I AM God's Flame within my soul,
I AM God's flashing beacon goal;
I AM, I AM the sacred fire
I feel the flow of Joy inspire.

4. The Consciousness of God in me
Does raise me to the Christ I see.
Descending now in Violet Flame,
I see Him come fore'er to reign.

5. O Jesus, send thy Violet Flame,
Sanctify my very core;
Blessed Mary, in God's name,
Expand and intensify more and more.

6. O mighty I AM, send Violet Flame,
Purify my very core;
Maha Chohan, Thou Holy One,
Expand, expand God's lovely sun.

Coda:
He takes me by the hand to say,
I love thy soul each blessed day;
O rise with me into the air
where blossoms freedom from all care;
As violet flame keeps blazing through,
I know that I'll ascend with you.

And in full faith...

For a heavenly alchemical experiment in the laboratory of your soul, give the body of each of these ten decrees to the Violet Flame thirty-three times. (The preamble and the ending are given once.) Each day this scientific ritual is performed, you will note the acceleration of God-freedom within the temple of your being. Thus, in this predawn cycle of the Aquarian Age, you will experience the fulfillment of the word of the Lord to the Prophet Samuel and of the mission of Melchizedek, King of Salem, Priest of the Most High God.

-6-
Arcturus, Bendito Ser Radiante
El fíat de Elohim

Amada, poderosa y victoriosa Presencia de Dios, YO SOY en mí, tu llama autoalimentada e inmortal de amor Crístico ardiendo dentro de mi corazón, Santos Seres Crísticos de toda la humanidad, amados poderosos Elohim Arcturus y Victoria, todos los grandes seres, poderes y actividades de Luz que sirven a la Llama Violeta, amado Lanello, todo el Espíritu de la Gran Hermandad Blanca y Madre del Mundo, vida elemental: ¡fuego, aire, agua y tierra!

En el nombre y por el poder magnético de la Presencia de Dios que YO SOY, y por el poder magnético del fuego sagrado investido en mí, invoco la poderosa presencia y el poder de todo vuestro moméntum acumulado de servicio a la Luz de Dios que nunca falla, y ordeno que sea dirigido a través por toda la humanidad, la vida elemental y las huestes angelicales que sirven a las evoluciones de la Tierra.

Haced resplandecer vuestra deslumbrante luz de mil soles por toda la Tierra y transmutad todo lo que no sea de la Luz en la llameante perfección de Jesucristo, victoriosa en Dios y totalmente gloriosa en la Luz.

En tu nombre, oh Dios, yo decreto:

1. Oh Arcturus, bendito ser radiante,
   Inunda, inunda, inunda de Luz nuestro mundo;
   Manifiesta perfección en todas partes,
   Escucha, oh escucha, nuestra sincera oración.

Estribillo:
   Cárganos con tu Llama Violeta,
   Cárganos, oh cárganos en el nombre de Dios;
   Ancla en nosotros firmemente,
   Resplandor cósmico, haznos Puros.

2. Oh Arcturus, bendito Elohim,
   Haz fluir tu Luz a través de nosotros;
   Complementa nuestras almas con Amor
   Desde tu fortaleza en las alturas.

3. Oh Arcturus, gran Maestro de Llama Violeta,
   Guárdanos de todo desastre;
   Asegúranos en la corriente cósmica,
   Ayuda a expandir el amoroso sueño de Dios.

4. Oh Arcturus, queridísimo Señor de poder,
   Por el brillo de tu estrella irradiando vivamente;
   Llénanos con tu Luz cósmica,
   Elévanos, oh elévanos a tu altura.

¡Y con plena Fe, conscientemente yo acepto que esto se manifieste, se manifieste, se manifieste! (3x). ¡Aquí y ahora mismo con pleno Poder, eternamente sostenido, omnipotentemente activo, siempre expandiéndose y abarcando el mundo hasta que todos hayan ascendido completamente en la Luz y sean libres! ¡Amado YO SOY! ¡Amado YO SOY! ¡Amado YO SOY!

Y creará el Señor sobre toda la morada del monte de Sion (la morada del alma en el monte de la Presencia YO SOY), y sobre los lugares de sus convocaciones, nube y oscuridad de día, y de noche resplandor de fuego que eche llamas: porque sobre toda gloria habrá un dosel.

ISAÍAS

-6-

Arcturus, Blessed Being Bright
The Fiat of Elohim

Beloved mighty victorious Presence of God, I AM in me, thou immortal unfed flame of Christ-love burning within my heart, Holy Christ Selves of all mankind, beloved mighty Elohim Arcturus and Victoria, all great beings, powers, and activities of Light serving the Violet Flame, beloved Lanello, the entire Spirit of the Great White Brotherhood and the World Mother, elemental life—fire, air, water and earth!

In the name and by the magnetic power of the Presence of God which I AM and by the magnetic power of the sacred fire vested in me, I invoke the mighty presence and power of your full-gathered momentum of service to the Light of God that never fails, and I command that it be directed throughout all mankind, elemental life, and the angelic hosts serving earth's evolutions.

Blaze thy dazzling light of a thousand suns throughout the earth and transmute all that is not of the light in the God-victorious, light all-glorious, flaming Jesus Christ perfection.

In thy name, O God, I decree:

1. O Arcturus, blessed being bright,
   Flood, flood, flood our world with light;
   Bring forth perfection everywhere,
   Hear, O hear our earnest prayer.

Refrain:
   Charge us with thy violet flame,
   Charge, O charge us in God's name;
   Anchor in us all secure,
   Cosmic radiance, make us pure.

2. O Arcturus, blessed Elohim,
   Let thy light all through us stream;
   Complement our souls with love
   From thy stronghold up above.

3. O Arcturus, Violet Flame's great Master,
   Keep us safe from all disaster;
   Secure us in the cosmic stream,
   Help expand God's loving dream.

4. O Arcturus, dearest Lord of might,
   By thy star radiance beaming bright;
   Fill us with thy cosmic light,
   Raise, O raise us to thy height.

And in full Faith I consciously accept this manifest, manifest, manifest! (3x) right here and now with full power, eternally sustained, all-powerfully active, ever expanding, and world enfolding until all are wholly ascended in the light and free!
Beloved I AM! ¡Beloved I AM! ¡Beloved I AM!

And the Lord will create upon every dwelling place of mount Zion (the dwelling place of the soul upon the mount of the I AM Presence), and upon her assemblies, a cloud and smoke by day, and the shining of a flaming fire by night: for upon all the glory shall be a defence.
—ISAIAH

-7-

¡Oh Llama Violeta, Ven, Llama Violeta!

El canto de las horas

En el nombre de la amada, poderosa y victoriosa Presencia de Dios, YO SOY en mí, mi propio amado Santo Ser Crístico, el amado Lanello, todo el Espíritu de la Gran Hermandad Blanca y la Madre del Mundo, vida elemental: ¡fuego, aire, agua y tierra! Yo decreto:

> ¡Oh Llama Violeta, ven, Llama Violeta,
> Ahora brilla, brilla y brilla!
> ¡Oh Llama Violeta, ven, Llama Violeta,
> Para elevar, elevar y elevar!

(Repita el verso con los finales siguientes:)

1. La Tierra y todo lo que contiene. (3x)
2. A los niños y sus maestros. (3x)
3. Las plantas y criaturas elementales. (3x)
4. El aire, el mar y la tierra. (3x)
5. Haz que todos comprendan. (3x)
6. Bendice a todos por la mano de Omri-Tas. (3x)
7. YO SOY, YO SOY, YO SOY la plenitud del Plan de Dios realizado ahora mismo y para siempre. (3x)

¡Y con plena fe, conscientemente yo acepto que esto se manifieste, se manifieste, se manifieste! (3x). ¡Aquí y ahora mismo con pleno Poder, eternamente sostenido, omnipotentemente activo, siempre expandiéndose y abarcando el mundo hasta que todos hayan ascendido completamente en la Luz y sean libres! ¡Amado YO SOY! ¡Amado YO SOY! ¡Amado YO SOY!

O Violet Flame, Come, Violet Flame!
The Chant of the Hours

In the name of the beloved mighty victorious Presence of God, I AM in me, my very own beloved Holy Christ Self, beloved Lanello, the entire Spirit of the Great White Brotherhood and the World Mother, elemental life—fire, air, water, and earth! I decree:

> O violet flame, come, violet flame,
> Now blaze and blaze and blaze!
> O violet flame, come, violet flame,
> To raise and raise and raise!

(Repeat verse between the following endings:)

1. The earth and all thereon. (3x)
2. The children and their teachers. (3x)
3. The plants and elemental creatures. (3x)
4. The air, the sea, the land. (3x)
5. Make all to understand. (3x)
6. Bless all by Omri-Tas' hand. (3x)
7. I AM, I AM, I AM the fullness of God's plan fulfilled right now and forever. (3x)

And in full faith I consciously accept this manifest, manifest, manifest! (3x) right here and now with full power, eternally sustained, all-powerfully active, ever expanding, and world enfolding until all are wholly ascended in the light and free!

Beloved I AM! ¡Beloved I AM! ¡Beloved I AM!

-8-
Fíat por la Sagrada Luz de la Libertad

por Saint Germain

Un fíat para el planeta Tierra

¡Poderosa Luz Cósmica!
Mi propia deslumbrante Presencia YO SOY,
　　Proclama la Libertad en todas partes;
En Orden y por el Control Divino
¡YO SOY el que hace íntegras todas las cosas!

¡Poderosa Luz Cósmica!
Detén las desaforadas hordas de la noche,
　　Proclama la Libertad en todas partes;
Con Justicia y Servicio fiel
¡YO SOY el que viene, oh Dios, a ti!

¡Poderosa Luz Cósmica,
YO SOY el poder prevaleciente de la Ley,
　　Proclama la Libertad en todas partes;
Ensalzando toda buena voluntad
¡YO SOY la Libertad que sigue viviendo!

¡Poderosa Luz Cósmica!
Endereza ahora todas las cosas,
　　Proclama la Libertad en todas partes;
Todo procederá en la Victoria del Amor,
¡YO SOY la Sabiduría que todos conocerán!

¡YO SOY la sagrada Luz de la Libertad que ya no desespera!
¡YO SOY la sagrada Luz de la Libertad que comparto
　　por siempre!
¡Libertad, Libertad, Libertad!
¡Expande, expande, expande!
¡YO SOY, YO SOY, YO SOY,
Por siempre YO SOY Libertad!

-8-

Fiat for Freedom's Holy Light

by Saint Germain

A Fiat for Planet Earth

Mighty Cosmic Light!
My own I AM Presence bright,
   Proclaim Freedom everywhere—
In order and by God Control
I AM making all things whole!

Mighty Cosmic Light!
Stop the lawless hordes of night,
   Proclaim Freedom everywhere—
In justice and in service true
I AM coming, God, to you!

Mighty Cosmic Light!
I AM law's prevailing might,
   Proclaim Freedom everywhere—
In magnifying all good will
I AM freedom living still!

Mighty Cosmic Light!
Now make all things right,
   Proclaim Freedom everywhere—
In love's victory all shall go,
I AM the wisdom all shall know!

I AM Freedom's holy Light nevermore despairing!
I AM freedom's holy light evermore I'm sharing!
Freedom, Freedom, Freedom
Expand, expand, expand!
I AM, I AM, I AM
Forevermore I AM Freedom

-9-

Más Fuego Violeta

por Hilarión

Mi mantra perpetuo
El río infinito de llama violeta

Bella Presencia de Dios, YO SOY en mí,
Escúchame ahora, yo decreto:
Torna en realidad toda bendición que invoco
Sobre el Santo Ser Crístico de todos sin excepción.

Haz que la Llama Violeta de Libertad
Ruede por el mundo para sanar a todos;
Satura la Tierra y a su gente también,
Con creciente resplandor Crístico que brilla a través.

YO SOY esta acción desde Dios en las alturas,
Sostenida por la mano del Amor celestial,
Transmutando las causas de discordia aquí,
Eliminando los núcleos para que nadie tema.

YO SOY, YO SOY, YO SOY
El pleno poder del Amor de la Libertad
Elevando la Tierra al Cielo en las alturas.
Fuego Violeta brillando ahora intensamente,
En viva belleza está la Luz propia de Dios.

Que ahora mismo y por siempre
Libera al mundo, a mi ser y a toda vida
Eternamente en la Perfección de un Maestro Ascendido.
¡Todopoderoso YO SOY!
¡Todopoderoso YO SOY!
¡Todopoderoso YO SOY!

-9-

More Violet Fire

by Hilarion

My Perpetual Mantra
The Unending River of Violet Flame

Lovely God Presence, I AM in me,
Hear me now I do decree:
Bring to pass each blessing for which I call
Upon the Holy Christ Self of each and all.

Let violet fire of freedom roll
Round the world to make all whole;
Saturate the earth and its people, too,
With increasing Christ-radiance shining through.

I AM this action from God above,
Sustained by the hand of heaven's Love,
Transmuting the causes of discord here,
Removing the cores so that none do fear.

I AM, I AM, I AM
The full power of Freedom's Love
Raising all earth to heaven above.
Violet fire now blazing bright,
In living beauty is God's own Light.

Which right now and forever
Sets the world, myself, and all life
Eternally free in Ascended Master Perfection.
Almighty I AM!
Almighty I AM!
Almighty I AM!

-10-
La Llama de la Libertad Habla
por Saint Germain
«El fuego llameante que brilla de noche»

La Llama de la Libertad habla; la Llama de la Libertad
dentro de todo corazón. La Llama de la Libertad dice a todos:
Apartaos ahora y sed un pueblo separado y elegido, escogido
por Dios: hombres que han acertado en su elección, que han
decidido unir su suerte a los inmortales. Éstos son los que con
gesto decidido han dicho:

Jamás me rendiré
Jamás retrocederé
Jamás me someteré
Llevaré la Llama de la Libertad hasta mi victoria
Llevaré esta llama con honor
Sostendré la gloria de la Vida en mi nación
Sostendré la gloria de la Vida en mi ser
Obtendré mi ascensión
Desecharé todo ídolo y
Desecharé el ídolo de mi yo exterior
Tendré la gloria de mi inmaculado Yo
    divinamente concebido manifestándose en mí
YO SOY la Libertad y
Yo Estoy* resuelto a ser Libertad
YO SOY la Llama de la Libertad y
Yo Estoy* resuelto a llevarla a todos
YO SOY la Libertad de Dios y Él es verdaderamente libre
YO SOY liberado por su Poder y su Poder es supremo
YO SOY el que está cumpliendo los propósitos del reino
    de Dios.

---

*YO SOY. [N. del T.]

-10-

The Flame of Freedom Speaks

by Saint Germain

«The Shining of the Flaming Fire by Night»

The flame of freedom speaks—the flame of freedom within each heart. The flame of freedom saith unto all: Come apart now and be a separate and chosen people, elect unto God— men who have chosen their election well, who have determined to cast their lot in with the immortals. These are they who have set their teeth with determination, who have said:

I will never give up
I will never turn back
I will never submit
I will bear the Flame of Freedom unto my victory
I will bear this flame in honor
I will sustain the glory of Life within my nation
I will sustain the glory of Life within my being
I will win my ascension
I will forsake the idol of my outer self
I will have the glory of my immaculate divinely
    conceived Self manifesting within me
I AM Freedom and
I AM determined to be Freedom
I AM the Flame of Freedom and
I AM determined to bear it to all
I AM God's Freedom and He is indeed free
I AM freed by his Power and his Power is supreme
I AM fulfilling the purposes of God's kingdom.

Visualizaciones para la ciencia de la Palabra hablada

por los Mensajeros

La llama trina dentro de vuestro corazón

La llama Crística dentro del corazón encarna las mismas cualidades de amor, sabiduría y poder que se manifiestan en el corazón del Todopoderoso, en el corazón de vuestra Presencia YO SOY y en el corazón de vuestro Yo Crístico.

Dentro de vuestro propio templo corporal se encuentran tres llameantes plumas del Espíritu Santo: pulsaciones de color rosado, amarillo y azul de la llama viviente. Así es como se expresa la Trinidad celestial en el mundo de la forma material. Y las energías del Padre (azul), del Hijo (amarillo) y del Espíritu Santo (rosado) resplandecen en el corazón del hombre.

La llama trina, que también se corresponde con la trinidad de cuerpo, mente y alma, suministra el poder que el hombre necesita para activar el cuerpo (la fe y buena voluntad del propósito divino); la sabiduría para alimentar la mente (iluminación y el uso correcto del conocimiento de la Ley), y el amor para cumplir el destino del alma en la consciente manifestación exterior (una justa y misericordiosa compasión que siempre se recompensa con el cumplimiento creativo individual).

La llama dentro del corazón es vuestro foco personal del

*Forma de pensamiento de la Llama Trina dentro de vuestro corazón,
de un milímetro y medio de altura, sellada dentro de la cámara secreta.
Visualizad este pulsante fuego sagrado como la Chispa Divina que
conecta vuestro corazón con el corazón de Dios.*

fuego sagrado. Es vuestra oportunidad para convertiros en el Cristo.

Es el potencial de vuestra Divinidad que está esperando irrumpir en vuestra naturaleza humana...

Durante las tres primeras eras de oro antes de que el hombre se apartara de su estado de inocencia, el cordón cristalino tenía un diámetro de dos metros y setenta y cuatro centímetros y la llama trina envolvía su cuerpo. La fuente de energía del hombre era, literalmente, ilimitada y su conciencia Crística lo cubría totalmente.

Después de la Caída, se restringió la oportunidad del hombre para ejercer su libre albedrío. Por edicto cósmico se redujo la llama trina a un milímetro y medio de altura...

El desequilibrio —donde el gigantismo tiene lugar en uno de los aspectos de la llama trina y hace que esté desproporcionado en relación a los demás— impide que se alcance la meta de la maestría Crística individual.

A medida que la llama de la iluminación se expande desde el interior de vuestra conciencia, ésta envuelve gradualmente vuestro ser hasta que Dios, como santa sabiduría, es entronizado en el altar de vuestro corazón. Sin embargo, con cada incremento de sabiduría, también las plumas del poder y del amor tienen que crecer por medio del fíat de vuestra devoción; de lo contrario, no se conservará la sabiduría.

De igual forma, cada vez que se obtiene poder se tiene que alcanzar sabiduría y amor en perfecto equilibrio. Asimismo, el amor se realiza tan sólo por medio de una manifestación equivalente de poder y sabiduría.

Reconociendo que el equilibrio es la clave de oro para alcanzar la Cristeidad, debéis entender que no podéis saber por vosotros mismos ni hacer que se manifieste lo que no habéis reconocido en la llama trina primero como el resultado de vuestra experiencia externa e interna en Dios.

¡Equilibra la Llama Trina en mí!

En el nombre de la amada, poderosa y victoriosa Presencia de Dios, YO SOY en mí, y mi propio amado Santo Ser Crístico, llamo a los amados Helios y Vesta y a la Llama Trina de Amor, Sabiduría y Poder en el corazón del Gran Sol Central, al amado El Morya, amado Señor Lanto, amado Pablo el Veneciano, amado poderoso Victory, amada Diosa de la Libertad y los siete Poderosos Elohim, amado Lanello, todo el Espíritu de la Gran Hermandad Blanca y la Madre del Mundo, vida elemental: ¡fuego, aire, agua y tierra!

Para que equilibréis, destelléis, expandáis e intensifiquéis la Llama Trina dentro de mi corazón hasta que esté manifestando todo lo que vosotros sois y no quede nada de lo humano.

¡Asumid el dominio completo y el control de mis cuatro cuerpos inferiores y elevadme a mí y a toda vida por el Poder del Tres Por Tres a la gloriosa resurrección y ascensión en la Luz!

En el nombre del Padre, de la Madre, del Hijo y del Espíritu Santo, yo decreto:

> ¡Equilibra la Llama Trina en mí! (3x)
> ¡Amado YO SOY!
> ¡Equilibra la Llama Trina en mí! (3x)
> ¡Asume tu mando!
> ¡Equilibra la Llama Trina en mí! (3x)
> ¡Auméntala a cada hora!
> ¡Equilibra la Llama Trina en mí! (3x)
> ¡Amor, Sabiduría y Poder!

(Ahora, utilizando «destella», «expande» e «intensifica» en lugar de «equilibra» la segunda, la tercera y la cuarta vez, realiza tu mantra.)

¡Y con plena fe...

Balance the Threefold Flame in Me!

In the name of the beloved mighty victorious Presence of God, I AM in me, and my very own beloved Holy Christ Self, I call to beloved Helios and Vesta and the Threefold Flame of Love, Wisdom and Power in the heart of the Great Central Sun, to beloved Morya El, beloved Lord Lanto, beloved Paul the Venetian, beloved Mighty Victory, beloved Goddess of Liberty, and the Seven Mighty Elohim, beloved Lanello, the entire Spirit of the Great White Brotherhood and the World Mother, elemental life—fire, air, water, and earth!

To balance, blaze, expand and intensify the Threefold Flame within my heart until I AM manifesting all of thee and naught of the human remains.

Take complete dominion and control over my four lower bodies and raise me and all life by the Power of the Three-Times-Three into the glorious resurrection and ascension in the Light!

In the name of the Father, the Mother, the Son, and the Holy Spirit, I decree:

> Balance the Threefold Flame in me! (3x)
> Beloved I AM!
> Balance the Threefold Flame in me! (3x)
> Take thy command!
> Balance the Threefold Flame in me! (3x)
> Magnify it each hour!
> Balance the Threefold Flame in me! (3x)
> Love, wisdom, and power!

(Now use «blaze», «expand», and «intensify» in place at «balance» for the second, third, and forth time you gives your mantra.)

And in full faith...

Mi mantra «Luz del Corazón»

por Saint Germain

Vuestro corazón es uno de los regalos más exquisitos de Dios. Dentro de él se encuentra una cámara central rodeada de un campo energético de tanta luz y protección que la llamamos un «intervalo cósmico».

Se trata de una cámara separada de la Materia, y ninguna exploración podría jamás descubrirla. Ocupa simultáneamente no sólo la tercera y cuarta dimensiones, sino también otras dimensiones desconocidas por el hombre. Por tanto, es el punto de conexión del poderoso cordón cristalino de luz que desciende de vuestra Presencia Divina para sustentar el latido de vuestro corazón físico, dándoos vida, propósito e integración cósmica.

Os insto a que guardéis como un tesoro este punto de contacto que tenéis con la Vida prestándole un reconocimiento consciente.

No es necesario que entendáis, por medio de un lenguaje sofisticado o postulados científicos, el cómo, el porqué y el para qué de esta actividad. Contentaos con saber que Dios está allí y que dentro de vosotros se encuentra un punto de contacto con lo Divino, una chispa de fuego que viene del corazón mismo del Creador que se denomina la llama trina de la Vida. Allí arde como la esencia trina de amor, sabiduría y poder.

Todo reconocimiento prestado diariamente a la llama dentro de vuestros corazones amplifica el poder y la iluminación del amor dentro de vuestro ser. Cada una de estas atenciones producirá una nueva sensación de dimensión en vosotros, si no evidente en lo exterior, sí manifestada subconscientemente dentro de los pliegues de vuestros pensamientos internos.

Por tanto, no descuidéis vuestro corazón que es el altar de Dios. No lo descuidéis porque es el sol de vuestro ser manifiesto. Atraed de Dios el poder del amor y amplificadlo dentro de vuestro corazón. Entonces, enviadlo al mundo entero como baluarte de lo que ha de superar la oscuridad del planeta, diciendo:

YO SOY la Luz del Corazón
Brillando en las tinieblas del ser
Y transformándolo todo en el dorado tesoro
de la Mente de Cristo.

Yo proyecto mi Amor
Hacia el mundo
Para borrar todos los errores
Y derribar todas las barreras.

¡YO SOY el poder del Amor Infinito,
Amplificándose a sí mismo
Hasta que sea victorioso,
Por los siglos de los siglos!

Con este regalo de infinita libertad, os doy mi promesa eterna de ayudaros a encontrar vuestra libertad inmortal si decidís no rendiros ni retroceder jamás.

Recordad que, mientras miráis a la Luz, las sombras se encuentran siempre detrás. Y la Luz también está allí para transmutarlas. Mantened la vista fija en «la Ciudad» y no os dejéis vencer por el mal, sino venced el mal con el bien.

Magia del ojo real

Uno de los dones de identidad más grandes, con el que la mente consciente ni siquiera sueña, es la capacidad latente de producir la imagen del ojo. Esta ciencia del concepto inmaculado es practicada por todos los ángeles del cielo.

Se trata de esa ley que está escrita en las entrañas del hombre[1] y que es conocida en lo profundo de su corazón, velada, sin embargo, en la memoria de su mente externa. Se basa en la visualización de una idea perfecta que se convierte luego en un imán que atrae hacia su ser las energías creativas del Espíritu Santo para llevar a cabo el patrón que se tiene en la mente.

Habiendo visto lo que él es en Espíritu y cuál es el potencial de su alma, el hombre tiene que conservar esa imagen de la Realidad en sus pensamientos y sentimientos, pues la imagen es un repelente natural de todo lo que se opone a su Realidad en manifestación. Esto lo hace por medio del ojo real de su alma, su ojo interno que comprende cuando ve y ve cuando comprende.

La magia ocular del alma es la I-mage* o imagen de la Realidad que el hombre siembra en su conciencia y riega con las energías puras que brotan generosamente del macrocosmos. El consecuente incremento de la Vida abundante pertenece al Señor, o a la Ley. Pues aquellos que siguen los principios científicos de la magia del ojo real se dan cuenta de que son recompensados con ésta misma. Como dijo San Pablo: «Yo planté, Apolo regó; pero el crecimiento lo ha dado Dios»[2].

Y así, Dios se expresa impersonalmente en la realización de sus leyes inmutables, que son corolarios de la única Gran Ley del Ser en el Cosmos. La ciencia del concepto inmaculado es, pues, el conocimiento de cómo usar las ideas puras para transformar el mundo del microcosmos en un milagro del macrocosmos: como arriba en Dios, así abajo en el hombre.

---

*En inglés, la palabra «image» (imagen) se divide en «I-mage» para demostrar su relación «eye magic» (magia del ojo), dado que «I» (yo) y «eye» (ojo) se pronuncian de igual forma. [N. del T.]

La belleza y la verdad tienen su propia geometría, una simetría que permite que las energías de Dios fluyan libremente a través de sus imágenes y luego se fundan en la forma. Las ideas puras y las formas nobles son los patrones arquetípicos de la Imagen Real. Son semillas de luz que, sembradas en los reinos subconscientes y conscientes de la mente fértil, reproducen según su género. Sin estos granos de luz, arraigados y alimentados en la sustancia de su alma, el hombre no tiene la menor esperanza de expresar perfección en su mundo.

Cada persona es una piedra imán del deseo de Dios para convertirse por fuera en todo lo que es por dentro. Cada persona es un imán que atrae de Dios arriba hacia el hombre abajo la esencia creativa del universo. Y si estas mónadas están abundantemente esparcidas en toda su conciencia —cada una un núcleo de Realidad, cada una un campo energético de ferviente fe, esperanza y caridad—, entonces el hombre puede realmente tener la esperanza de reflejar (manifestar) en el microcosmos lo que él creyó que era «el sueño imposible, la estrella inalcanzable».

Cada vez que el alma contempla el Sol, las nubes, el viento en los árboles, una rosa, una hoja perfecta, un guijarro o una ola, y luego guarda el diseño en los pliegues de su memoria, está añadiendo a su tesoro de ideas perfectas que son los bloques de construcción de su Realidad.

Cada vez que los dedos de su mente trazan las líneas de un Miguel Ángel, las pinceladas de un Rafael, los movimientos de una sinfonía, las cadencias de un ballet, las formaciones de los pájaros que cruzan el cielo, el alma absorbe los diseños de la mente de Dios, de los que depende todo el esquema de su universo microcósmico.

Contemplando el universo y aun nuestro propio planeta, observamos cómo la naturaleza defiende la ley de la perfección y se sacude toda imperfección. Ciertamente, las piedras que aclaman alabanzas del Cristo[3] cumplen con más seriedad que el hombre el mandato: «Sed vosotros perfectos, como vuestro Padre que está en los cielos es perfecto»[4].

Cuán bellamente ha colocado el Señor a nuestro alrededor

en el reino de la naturaleza esos lazos con la eternidad y con el mundo invisible de las realidades que nosotros tan sólo percibimos en la certeza de lo que se espera, ¡la preciada evidencia de lo que no se ve![5].

Así, después de períodos alternantes de vivir en el mundo sintético y luego en el real, el hombre llega a los pies de los Maestros de la Sabiduría, donde aprende que la Vida se ha de encontrar tan sólo en la reverencia por todo lo que vive. Regresando a la morada de sus propios pensamientos, trata de recuperar la comprensión de esa unidad que ahora sabe que tiene que existir dentro del corazón del universo e incluso dentro del corazón de una célula. Comienza a adentrarse para extraer las reservas de la naturaleza. ¡Tiene que explorar tanto lo desconocido como lo conocido!

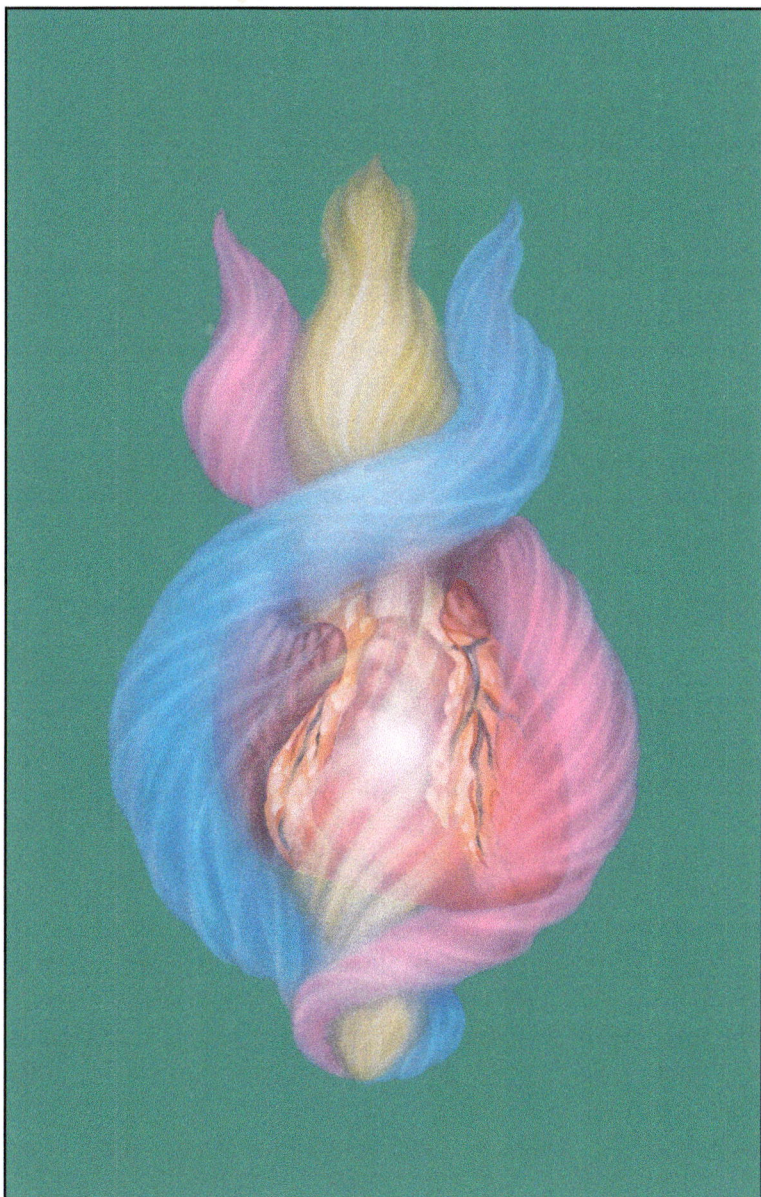

Forma de pensamiento de la Llama Trina exteriorizada para envolver el corazón físico en su conciencia Crística y luz trina de curación. Visualizad la Llama Trina expandiéndose desde el centro del corazón espiritual y cubriendo el corazón físico.

Mi mantra para la resurrección
y la vida de mi corazón

*«Y antes que clamen, responderé yo; mientras aún
hablan, yo habré oído.»*   ISAÍAS

¡YO SOY la resurrección y la vida de toda célula y átomo
de mi corazón, manifestadas ahora!

Cada vez que pronunciáis el nombre de Dios «YO SOY»
—que le fue dado a Moisés para bendición nuestra— como la
afirmación del ser de Dios que se encuentra ahí donde estáis,
realmente estáis diciendo: «Dios en mí es...»

Así, en este mantra reconocéis: «¡Dios en mí es la resurrección y la vida de toda célula y átomo de mi corazón manifestadas ahora!»

Dado que «YO SOY» es tanto el nombre sagrado como el
verbo «ser», entendemos que nuestro Dios es una realidad viviente, progresiva y dinámica; una Presencia muy personal que
se revela a sí misma en acción en nuestras vidas individuales y
en su milagroso y, no obstante, totalmente científico flujo de
¡Luz, Luz, Luz!

Dios quiere que afirmemos que nuestro ser es suyo, y que el
suyo es nuestro. Es nuestro destino de fuego que seamos Uno;
es decir, que participemos de su unidad universal. Logramos
esto día a día cuando confirmamos su Palabra —«YO SOY»—
en nuestros mantras.

La ciencia de la Palabra hablada es el medio para alcanzar la
unión de nuestra alma con el Espíritu. Si no lo creéis, ¡probadlo
por vosotros mismos! Dad vuestro mantra para la resurrección
y la vida de vuestro corazón varias veces al día. ¡Disfrutadlo!
Pues la energía de Dios disfruta de la poderosa labor de haceros
íntegros. Y él desea que tengáis una vida fructífera mientras
prestáis vuestro servicio para liberar a toda la vida.

La llama de la resurrección que se emite mediante este eficaz
fíat fue usada por Jesús el Cristo para alcanzar su victoria sobre
la muerte y el infierno. Él vino a mostraros el camino para que
podáis hacer lo mismo a través del Cristo que vive en vosotros

como vuestro propio Yo Real. ¿Qué esperáis? Decidlo en voz alta con todo vuestro corazón:

¡YO SOY la resurrección y la vida de cada célula y átomo de mi corazón manifestadas ahora!

La llama de la resurrección puede experimentarse como una suavidad radiante de madreperla que baña el cuerpo con un brillo suave y difuso. A medida que se va acelerando con el ritual de vuestra aplicación diaria, los rayos del arco iris se funden en la luz blanca.

Nuestro amado Jesús nos dio la afirmación «YO SOY» —«YO SOY la resurrección y la vida…»— para que la apliquemos en cualquier condición o situación que se haya desviado del propósito original de nuestro Padre. Así, podéis decir:

¡YO SOY la resurrección y la vida de mi perfecta salud manifestadas ahora!

Sobre todo deberíais ser muy explícitos al nombrar la parte o partes de vuestro cuerpo afectadas por un accidente o una enfermedad. En vez de afirmar la manifestación imperfecta, afirmad siempre la perfección deseada:

¡YO SOY la resurrección y la vida del patrón interno de
(Nombrad las partes afectadas del cuerpo; por ejemplo: mis brazos, piernas, estómago, riñones, etc.) _____ **manifestadas ahora!**

Ahora que habéis formado la matriz de vuestra afirmación «YO SOY», decid y aprended de memoria otra bella afirmación del eterno Espíritu de la Resurrección del Señor, siempre presente dondequiera que os encontréis, pero especialmente en vuestros miembros que necesitan curación y salud:

Forma de pensamiento de la Llama de la Resurrección, una versión de frecuencia acelerada de vuestra Llama Trina. Visualizad la corriente remolineante color madreperla de la energía de Dios resucitando el flujo de luz y restaurando el verdadero y bello ritmo del corazón.

> Amada Llama de la Resurrección,
> Destella tu Luz siempre a través de mí;
> Amada Llama, resucitación,
> Haz que mi corazón cante tu alabanza.
> Oh brillante resplandor blanco Crístico
> Del fuego YO SOY de Dios,
> Expande tu bendita Pureza
> Y libérame de todo deseo equivocado.

La llama de la resurrección se invoca para hacer resurgir la Vida cada vez que se haya obstaculizado o se haya interrumpido abruptamente el flujo de la vida, ya sea a nivel molecular o dentro de los cuerpos orgánicos de comunidades enteras o naciones, o en el medio ambiente de la vida elemental. Sus cristales llenos de colores son copas que contienen renovación, renacimiento, rejuvenecimiento y restauración.

La llama, al pasar a través de los átomos, las células y los electrones, transmite el giro de la alegría de vivir de vuestra alma y restaura el ritmo natural de vuestros ciclos de vida únicos. Comenzando con el latido de vuestro corazón, activando luego el pulso de miles de millones de núcleos atómicos y de centros solares de vuestras células, regula el flujo en forma de ocho de las energías espirituales que entran y salen de vuestro universo material.

La llama de la resurrección es la fuente de alegría burbujeante que produce en vuestro rostro la sonrisa de una satisfacción espiritual, porque vosotros experimentáis esa noción interna de vuestra razón de ser infinita.

Visualizaos a vosotros mismos de pie en un pilar de remolineantes espirales opalescentes de los colores del arco iris. Por medio del nombre «YO SOY» y de la llama de la resurrección, sabéis quiénes sois, porque sabéis quién es Dios.

Mi mantra del corazón de fuego violeta

*«[...] Sed llenos del Espíritu, hablando entre vosotros
con salmos, con himnos y cánticos espirituales, cantando
y alabando al Señor en vuestros corazones.»*

SAN PABLO

¡Fuego Violeta, divino Amor,
Llamea en este mi corazón!
Tú eres Misericordia por siempre verdadera,
En armonía mantenme contigo siempre.

Cuando establecemos contacto de corazón con la Persona
y Presencia del Espíritu Santo podemos, por medio del más
puro amor, obtener provecho de la fuente del fuego sagrado de
Dios. Porque el Espíritu del Señor es el agente para la curación
de Dios, mientras que el fuego sagrado es la agencia. Por medio
de su Espíritu Santo, Dios nos da su gran amor como la energía
que produce cambios.

La forma más rápida de expulsar la causa y núcleo de la
enfermedad es aplicar el ungüento de la luz transformadora
del Espíritu Santo. Y la llama violeta es el instrumento del
bautismo de fuego de este Espíritu[6] tan personal y tan presente.

Es el flujo de la infalible misericordia y perdón de Dios. Es
el «fuego purificador» para purificar a los hijos de Dios profetizado por Malaquías[7].

Cuando invocáis la llama violeta con alegría y con plena fe
en la promesa de Dios —«perdonaré la maldad de ellos, y no
me acordaré más de su pecado»[8]— podéis sentir la pulsante acción alquímica del «solvente universal» del Señor, que disuelve
la causa y el efecto, el registro y la memoria celular de todas
las imperfecciones e impurezas físicas que surgen de los planos
conscientes y subconscientes de vuestro ser.

Vuestro llamado, dado en voz alta con confianza y amor,
es el ejercicio de la ciencia de la Palabra hablada. Por medio de
vuestro libre albedrío, el llamado pone en movimiento el flujo
del fuego violeta que transmuta las emociones y las condiciones
mentales subyacentes que causan toda enfermedad.

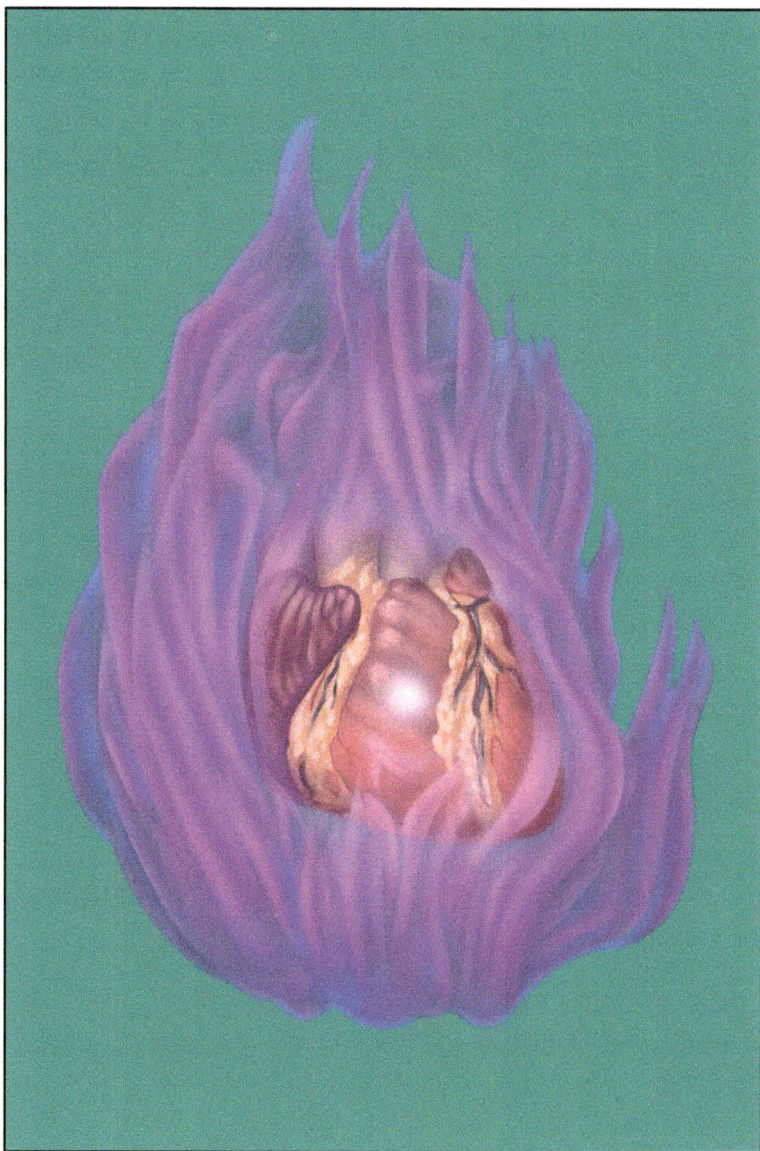

Forma de pensamiento del corazón bañado en la llama violeta.
Visualizad la llama violeta de la libertad transmutando todas las
impurezas de vuestro corazón: físicas, mentales, emocionales y etéricas.

Sin embargo, también tenéis que entregar voluntariamente a la llama manifestaciones tales como la ira, la agresividad, el odio e incluso un leve disgusto contra cualquier parte de la vida o personas, incluso algún sutil resentimiento guardado en vuestro corazón contra vosotros mismos o contra un miembro de vuestra familia.

La curación de toda dureza de corazón —que tiene que desvanecerse antes de que puedan tener lugar la curación física y la salud— requiere la entrega incondicional de vuestra alma a vuestro amado Yo Crístico. ¡La terquedad y el orgullo humano deben someterse a la llama!

Para lograr la expansión de la capacidad física y espiritual de vuestro corazón, repetid muchas veces vuestro mantra del corazón de fuego violeta con la visualización más determinada y concentrada, para y por el amor de Jesucristo. La perfección viene con la práctica.

Recordad que la corriente pura de luz que fluye directamente del corazón de vuestro Ser Crístico hacia (y a través de) vuestro corazón físico afecta a todas las capas de vuestra conciencia. Se requiere persistencia para penetrar los antiguos hábitos de discordia humana, que son responsables de que estén «desfalleciendo los hombres por el temor»[9].

La curación es un proceso de entrega. Hacedlo todos los días al dar la bienvenida al Señor en vuestro corazón. Expresad todos los días el brillo solar del altruismo a alguien que requiera de vuestro amor.

Mientras expulsáis las viejas toxinas de ingratitud hacia la vida y de rebelión en contra de la maravillosa ley de la armonía universal, permitid que vuestro corazón irrumpa en estas cadencias de jubilosa comunión:

**Oh poderosa Presencia de Dios, YO SOY,
    dentro y detrás del Sol:
Acojo tu Luz, que inunda toda la Tierra;
En mi vida, en mi mente, en mi espíritu,
    en mi alma.
¡Irradia y destella tu Luz!**

¡Rompe las cadenas de oscuridad y superstición!
¡Cárgame con la gran claridad
de tu radiación de fuego blanco!
¡YO SOY tu hijo, y cada día me convertiré más
en tu manifestación!

Ahora aquietaos y sabed que la Presencia «YO SOY», que es Dios dentro de vosotros (el Emanuel, Dios con nosotros[10]), es victoriosa sobre toda condición externa. Aceptadlo como consumado con el pleno poder de la Deidad y reafirmadlo cada vez que el menor temor o duda aceche vuestra alma:

«YO SOY» la milagrosa curación de llama violeta de mi corazón a toda hora de cada día manifestada ahora! ¡Y doy alabanzas al Señor de la Vida por mi perfecta curación manifestada ahora!

«[...] Doblo mis rodillas ante el Padre de nuestro Señor Jesucristo, [...]

Para que os dé, conforme a las riquezas de su gloria, al ser fortalecidos con poder en el hombre interior por su Espíritu;

Para que habite Cristo por la fe en vuestros corazones, a fin de que, arraigados y cimentados en amor,

Seáis plenamente capaces de comprender con todos los santos cuál sea la anchura, la longitud, la profundidad y la altura;

Y de conocer el amor de Cristo, que excede a todo conocimiento, para que seáis llenos de toda la plenitud de Dios.»   SAN PABLO

Mi visualización para
la forma de pensamiento curativo

*«La lámpara del cuerpo es el ojo; así que, si tu ojo es
único, todo tu cuerpo estará lleno de luz.»*   JESÚS*

La forma de pensamiento curativo es otro regalo del amor
de Dios, formulada científicamente para remagnetizar y res-
tituir los elementos de vuestros cuatro cuerpos inferiores al
diseño de la Naturaleza.

La forma de pensamiento curativo se compone de esferas
concéntricas de la luz de curación de Dios: una esfera blanca rodeada de una esfera azul suspendidas dentro de un globo verde.

Cada vez que recéis pidiendo curación, sabed que el llamado obliga la respuesta. Entonces, invocad al Señor y sabed
que responderá:

**«En el nombre de Jesucristo y de su presencia conmigo en
la Persona de mi Yo Crístico, invoco al corazón de mi propia
amada Presencia YO SOY y a los ángeles de curación para que
la bella forma de pensamiento curativo me selle en la perfecta
luz de la conciencia que Dios tiene de mi salud, ¡manifestada
ahora!»**

Entonces visualizad esferas de fuego sagrado que descien-
den como la presencia pulsante del Espíritu Santo. Visualizad
el núcleo de fuego blanco centrado en la centelleante llama de
azul zafiro, envuelta en los fuegos de color verde esmeralda.

Por medio de vuestro inefable amor por el Espíritu Santo,
magnetizad esta forma de pensamiento curativo primero desde
la mente de Dios a vuestro corazón y luego a cualquier parte del
cuerpo que esté extenuada, desequilibrada o enferma. Incluso
podéis ver toda vuestra forma envuelta en la presencia curativa
de Dios; porque, cuando vuestro ojo es único (vuestra visualización concentrada y llena de amor), todo vuestro cuerpo estará
lleno de luz[11]. Ésta es la promesa del Señor y él no os fallará.

---

*Traducción directa de la versión inglesa de la Biblia del Rey Jacobo. [N.
del T.]

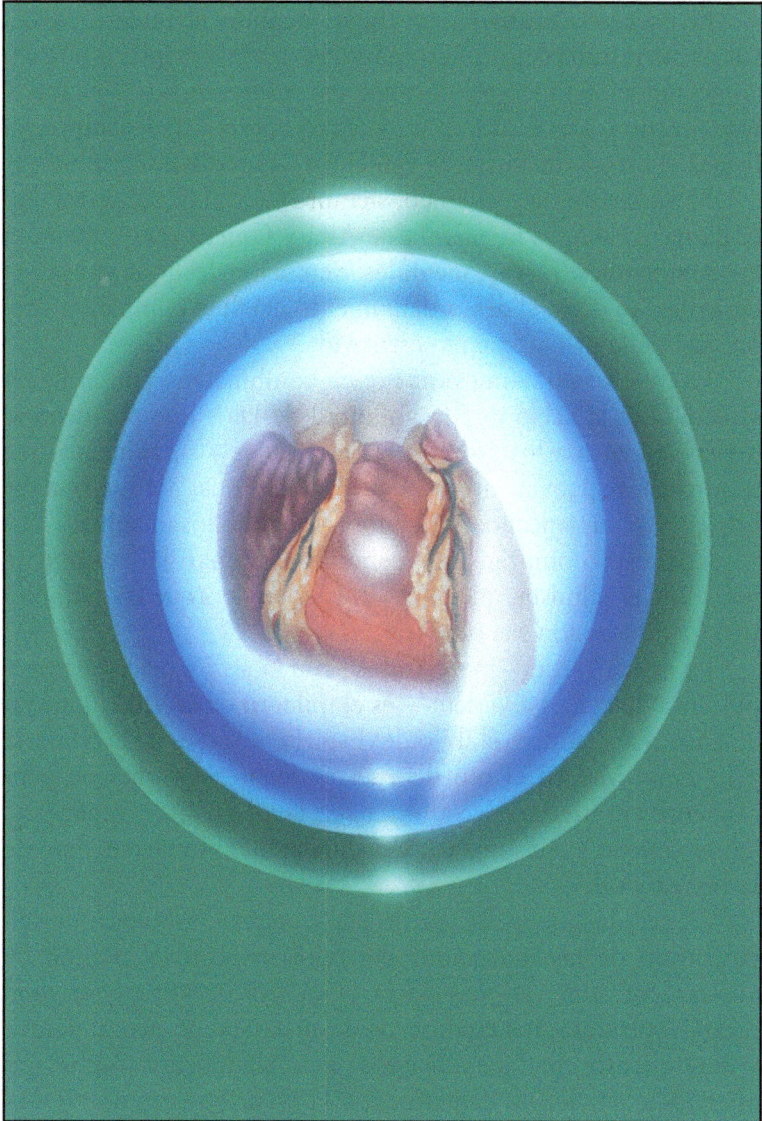

Forma de pensamiento curativo: una «Estrella Cristalina de Comprensión». Visualizad las esferas blanca, azul y verde del fuego sagrado de Dios envolviendo y penetrando cada átomo, célula y electrón de vuestro corazón físico, restableciendo el patrón interno y la integridad divina de vuestra vida.

El proceso curativo tiene lugar cuando la integridad del Cristo se restablece; primero en vuestra alma (tanto espiritual como emocionalmente), después en vuestra mente (mental y visualmente), y por último en vuestro cuerpo, que siempre reflejará el estado de vuestros vehículos «superiores».

El núcleo de fuego blanco, siempre en acción recíproca con la llama violeta, es la energía de Alfa y Omega que transmuta las condiciones (físicas, mentales y emocionales) que causan el desorden; es decir, el des-ordenamiento del flujo completamente natural de la armonía en vuestra vida.

La esfera azul —nuevamente en combinación con la llama violeta— es la acción de la voluntad de Dios que por decreto divino convoca a los átomos, las moléculas y las células a que se ajusten al patrón interno del Hijo de Dios, a cuya imagen fuisteis y estáis «hechos prodigiosa y maravillosamente».

Con esta comprensión, deberíais aclamar jubilosamente junto con el salmista, que dijo: «Te alabaré, porque formidables y maravillosas son tus obras»[12].

La esfera verde —mezclándose con la acción friccionante y pulidora de la llama violeta— es el milagro de la Vida inmortal de Dios que restituye el flujo del Espíritu a través de la Materia y lo sana. Ved en el ojo de vuestra mente la forma de pensamiento curativo que se alterna con la palpitante y renaciente llama violeta, y consume toda sustancia que bloquea el flujo de la fuerza vital.

A medida que la forma de pensamiento remolineante (en el sentido de las manecillas del reloj) magnetiza el flujo de vuestra corriente de vida hacia la matriz del diseño original de la Naturaleza, los escombros de sustancia de pensamientos y sentimientos mal cualificados acumulados por siglos son arrojados, por fuerza centrífuga, a la llama violeta, donde son despojados de toda discordia y transmutados por la alquimia del Espíritu Santo en la claridad cristalina del Río de la Vida[13].

Ahora estáis listos para dar vuestro mantra para alcanzar la Integridad Crística. Usadlo para «cantar alegres a Dios», como exclamó el salmista en sus alabanzas[14].

Haced llegar las alabanzas de vuestra alma ante su presencia

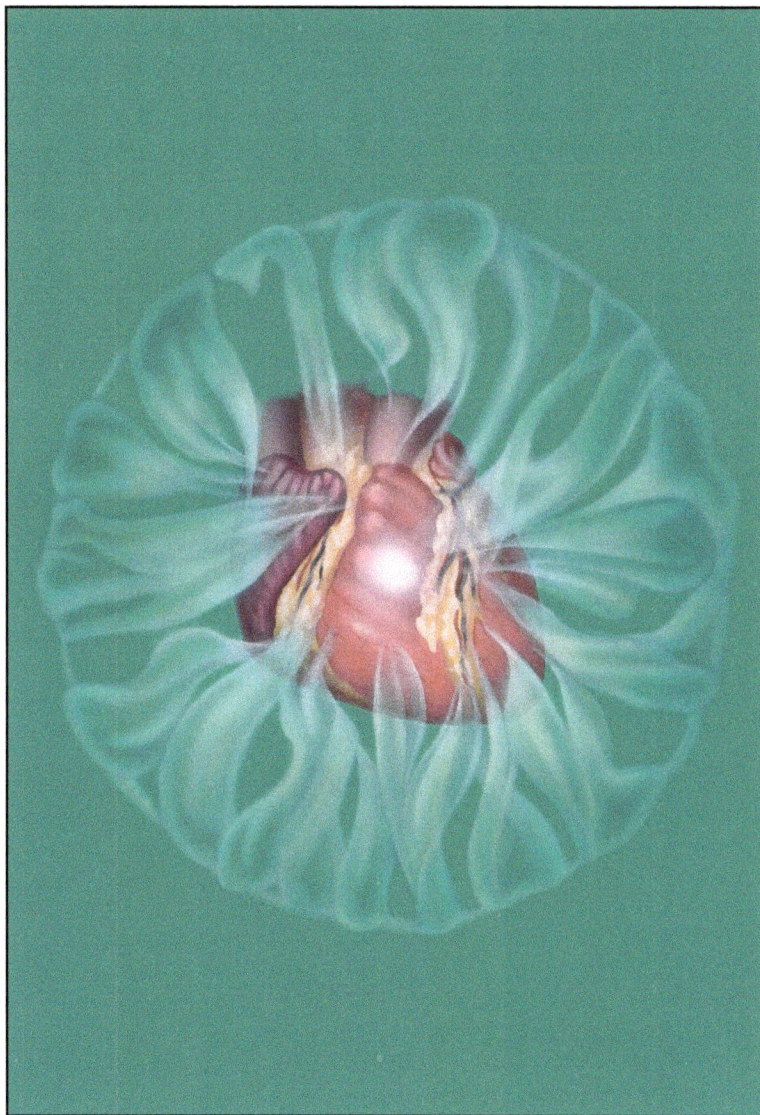

Forma de pensamiento del rayo esmeralda que restablece la matriz científica de vuestro corazón. Visualizad la llama de curación de las fuerzas revitalizantes de la Naturaleza penetrando en, a través y alrededor de vuestro corazón.

por medio de la entonación de este mantra. ¡Servidle con el regocijo de su perfección manifestada en vosotros ahora! «Reconoced que el Señor es Dios. Él nos hizo y no nosotros a nosotros...»[15].

Dios os hizo perfectos. Regresad a esa perfección deseada por Dios. Sed firmes y contemplad la salvación de vuestro Dios. Luego «batid las manos» y «aclamad a Dios con voz de júbilo» 16. Ahora pronunciad este decreto dinámico a vuestra amada Presencia YO SOY, a vuestro bendito Ser Crístico, a los Maestros de Curación y a los Ángeles del Fuego Sagrado, con todo vuestro corazón:

En el nombre de la amada, poderosa y victoriosa Presencia de Dios, YO SOY en mí, mi propio amado Santo Yo Crístico, amado Jesús el Cristo, Señor Maitreya, amado Saint Germain, amado El Morya, amado Arcángel Rafael y Madre María, Kuthumi y los hijos-siervos de Dios en el cielo, Maestros y Ángeles de Curación, por y a través del poder magnético del fuego sagrado investido en la llama trina que arde dentro de mi corazón, yo decreto:

1. ¡YO SOY la Perfección de Dios manifestada
    En cuerpo, mente y alma;
    YO SOY la Dirección de Dios fluyendo
    Para curarme y mantenerme Íntegro!

Estribillo:
    ¡Oh átomos, células, electrones
    En este cuerpo mío,
    Que la Perfección misma del Cielo
    Me haga ahora Divino!

    Las espirales de la Integridad Crística
    Me envuelven con su poder;
    YO SOY la Presencia Soberana
    Que ordena «¡Sé todo Luz!».

2. YO SOY la imagen perfecta de Dios:
Mi cuerpo está cargado de Amor;
¡Que las sombras disminuyan ahora,
Que la Paloma del Consuelo las bendiga!

3. ¡Oh bendito Jesús, Maestro querido,
Envía tu Rayo de Curación aquí;
Lléname con tu Vida desde arriba,
Elévame en tus brazos de Amor!

4. YO SOY la Presencia curativa de Cristo,
Brillando como sol de compasión;
YO SOY esa Perfección pura,
Que logra mi curación perfecta!

5. Me cargo, me cargo y me cargo
Con radiante Luz YO SOY;
¡Siento el flujo de pureza
Que ahora todo lo corrige!

¡Y con plena Fe, conscientemente yo acepto que esto se manifieste, se manifieste, se manifieste! (3x). ¡Aquí y ahora mismo con pleno Poder, eternamente sostenido, omnipotentemente activo, siempre expandiéndose y abarcando el mundo hasta que todos hayan ascendido completamente en la Luz y sean libres! ¡Amado YO SOY! ¡Amado YO SOY! ¡Amado YO SOY!

1. I AM God's Perfection manifest
   In body, mind, and soul—
   I AM God's direction flowing
   To heal and keep me Whole!

Refrain:
   O atoms, cells, electrons
   Within this form of mine,
   Let heaven's own Perfection
   Make me now Divine!

   The spirals of Christ Wholeness
   Enfold me by his might—
   I AM the Master Presence
   Commanding «Be all light!».

2. I AM God's perfect image:
   My form is charged by love;
   Let shadows now diminish,
   Be blessed by Comfort's Dove!

3. O blessed Jesus, Master dear,
   Send thy Ray of Healing here;
   Fill me with thy Life above,
   Raise me in thine arms of Love!

4. I AM Christ's healing Presence,
   All shining like a mercy sun—
   I AM that pure Perfection,
   My perfect healing won!

5. I charge and charge and charge
   myself, with radiant I AM Light—
   I feel the flow of purity
   That now makes all things right!

And in full Faith I consciously accept this manifest, manifest, manifest! (3x) right here and now with full power, eternally sustained, all-powerfully active, ever expanding, and world enfolding until all are wholly ascended in the light and free!
Beloved I AM! Beloved I AM! Beloved I AM!

-19-

El regalo más grande de Dios al universo

por los Maestros Ascendidos

Misterios de Dios revelados a los Profetas en los días en que se oirá la voz del Séptimo Ángel...

Porque él ha comenzado a tocar la trompeta
APOCALIPSIS 10:7

La llama violeta: Pasaporte a la vida eterna

SEÑOR ZADQUIEL, Arcángel del Séptimo Rayo

¡Salve, oh victoriosos hijos de la luz! ¡Salve, triunfadores! ¿Por qué permanecéis en una conciencia de mortalidad cuando el sagrado fuego violeta del amor por la libertad es el pasaporte y la clave de la libertad para toda la humanidad?

Venimos esta noche en respuesta al llamado de la humanidad, e instamos a que se conceda gran asistencia a la Tierra.

Al repasar los acontecimientos históricos de este planeta, recuerdo los mensajes de luz que han fluido de nuestra octava en tiempos pasados. Y recuerdo las misiones de los ángeles de la llama violeta que han traído tanta libertad a varias partes de la Tierra.

Estoy pensando ahora en mi gran compañero, el Arcángel

Miguel, cuando fue a África e hizo irradiar su espada de llama azul sobre ese continente, librando a sus habitantes de la gran nube de discordia humana, oscuridad y tinieblas. Y esta noche os ruego, en nombre de Dios y del fuego sagrado, que recordéis que —debido a la masiva acumulación de la conciencia mortal de la humanidad y al hecho de que no hay un suficiente número de seres humanos que estén haciendo los llamados al fuego sagrado— las fuerzas del mal han construido de nuevo sombras y nubes de oscuridad sobre el planeta entero, de forma que la guerra otra vez amenaza a la Tierra.

Y, por tanto, en nombre de Dios, nosotros, que pertenecemos a las legiones de luz y del fuego sagrado, nuevamente estamos de parte de aquellos hombres que conocen las leyes del fuego sagrado.

Y venimos aquí esta noche con una implacable determinación para ¡expandir, expandir y expandir! el poder de la llama violeta sobre toda la Tierra hasta que se establezca nuevamente la libertad para toda la humanidad y la victoria eterna que los hombres necesitan conseguir sobre las necias formas de pensamiento de una conciencia de mortalidad que, a lo largo de los siglos, nunca han proporcionado dominio sino sólo esclavitud al hombre.

Vengo a vosotros esta noche implorando el poder de las joyas sagradas —el Urim y el Tummim de Dios— colocadas sobre el pectoral del gran sumo sacerdote, la conciencia Crística para este planeta, a fin de que las sagradas joyas despidan en este siglo el poder de Dios que desata la Tierra, que libera los corazones de la humanidad de esta esclavitud autoimpuesta que los sujeta con fuertes grilletes de hierro; porque no han tenido la voluntad de ser libres, porque por ignorancia han persistido en verse a sí mismos como simples mortales con una conciencia temporal que cesa cuando se acaba su fuerza vital y el último aliento en sus cuerpos.

¡Vengo esta noche en nombre de Dios a declarar a toda la humanidad que la vida eterna se sostiene por el poder de la llama violeta!

¿Os dais cuenta de lo que significa esto, benditos? Significa que el pasaporte a la vida eterna se otorga a todos los hombres por medio del uso de la llama violeta y del fuego sagrado, y ésta es la única forma en que la humanidad puede encontrar su libertad.

Nosotros, que moramos en los reinos de la llama inmortal, tenemos y mantenemos nuestro status quo por medio del poder del fuego sagrado. ¿Cómo puede la humanidad, que se mueve entre los efluvios humanos y el oropel, esperar encontrar su libertad cuando todo su mundo se asemeja en cierto modo a un gran desván en el que a lo largo de los siglos se han acumulado ruecas antiguas, telarañas, mortero y ladrillos, y pensamientos discordantes?

Benditos y amados míos, toda esta energía, esta energía aprisionada, ¡tiene que ser liberada por el poder del fuego sagrado! Los hombres de la Tierra tienen que abrir la entrada de su conciencia para que la luz de Dios se expanda, y tienen que cesar de dar poder a lo que ata y a lo que nunca les puede traer la libertad.

Esto puede parecer fácil, pero es una acción de las grandes leyes divinas por medio de las cuales, en nuestra octava, mantenemos a ésta pura y libre. Porque el fuego violeta representa el regalo más grande, ¡el regalo más grande de Dios al universo!

Es la gran acción vibratoria en el apogeo de los siete rayos. Es el punto más alto del arco iris. ¡Es la promesa de Dios manifestada, la misericordia que viene del Templo de la Misericordia y es la victoria del cielo! Por tanto, es la victoria de la Tierra. Porque la Tierra y los hijos de la Tierra no son más que hijos del cielo que andan perdidos; hijos e hijas pródigos que están retornando ahora a la casa del Padre...

Cargad diariamente vuestras auras con el poder de la llama violeta transmutadora
SEÑOR ZADQUIEL

[...] La llama violeta transmutadora, queridos míos, es energía y luz que no se puede contaminar...

Debéis entender, pues, queridos míos, que cuando manejamos la luz electrónica de la llama violeta transmutadora estamos manejando una sustancia que la humanidad no puede contaminar, ya sea que ésta deposite, o no, en la llama violeta transmutadora la escoria de su propia inmundicia humana.

Debéis entender que la Gran Ley del Amor ha cargado la llama violeta transmutadora, la llama de la libertad y todas las llamas de Dios con el poder de la no contaminación. Por tanto, comprended, por favor, que cuando entráis en contacto con estas poderosas llamas no hay ninguna posibilidad de producir contaminación alguna por medio de la sustancia humana que arrojéis en esta llama para su transmutación. Ésta es la bendición de estas llamas y de la llama violeta transmutadora.

Esto significa que vosotros podéis tomar sin titubear toda sustancia no deseada por vuestro Yo Divino, toda sustancia que vuestro Santo Yo Crístico rechace por ser incompatible con la ley de vuestro ser y cuidaros de que esa sustancia se vierta sin reservas en la gran llama de la misericordia de Dios Todopoderoso, para que ahí se modifique su naturaleza y nunca más lleve la marca del vicio humano y de pensamientos y sentimientos humanos mal cualificados.

Debéis entender que ésta es la ley de la misericordia, no sólo para vosotros, amados míos, sino también para la sustancia que por mucho tiempo, según se cuenta el tiempo, ha llevado en sí la marca de una conciencia mal cualificada...

[...] El mayor paso hacia el progreso que cualquier individuo puede dar jamás es el del uso consistente y fiel de la llama violeta transmutadora de amor por la libertad. Infundida con el amor de Dios, también tiene la responsabilidad de quitar del hombre la carga de una conciencia de imperfección y sustancia mortal, pensamientos y sentimientos mortales, y todo lo que es disonante y produce discordia y falta de armonía en el mundo del hombre.

Os aseguro, amados míos, que las mismas huestes angelicales, que no absorben la imperfección mortal, saborean y disfrutan a niveles internos la poderosa fuerza de la llama transmutadora. El hecho de entrar en contacto con una gran concentración de la sustancia de la llama violeta es un estímulo y un impulso para todo ser cósmico.

Y, por tanto, aquellos de entre vosotros que a diario cargáis vuestras auras con el poder de la llama violeta transmutadora, estáis creando un sendero más cómodo para que los grandes seres de luz encuentren el camino de entrada a vuestras auras y os otorguen mayor bendición con comodidad a todo vuestro alrededor; no sólo para vosotros, amados míos, sino también para aquellos de nosotros que deseamos servir a las evoluciones de este planeta y que, día a día, estamos amándoos y bendiciéndoos para que seáis libres, con la infinita infusión de la capacidad que Dios tiene para amar, el poder que sin reservas busca no adoración y homenaje para sí mismo, sino al poderoso Ser Divino de toda vida, la conciencia del Cristo Universal y la Eterna Presencia de Dios, que frecuentemente es considerado como el Dios del amor por aquellos que meditan en él...

¡Por tanto, hoy que estoy con vosotros, YO SOY el que os llena con el gran y vigoroso poder de la llama de la libertad! ¡YO SOY el que está dando a vuestra conciencia el poder de la entrega que es capaz de dejar ir! Pues hoy en día, la humanidad frecuentemente se encuentra tensa dentro de su propio mundo. Las exigencias mismas del momento, las causas cuyo efecto la humanidad siente en su mundo y el engendramiento de discordia a lo largo de los siglos, han hecho que los hombres tengan suficiente razón para estar tensos. Y, por tanto, dentro de ellos mismos se encuentran nudos de sentimientos y aglomeraciones de situaciones discordantes que hacen que tengan los nervios de punta.

Abrigamos la esperanza de bañaros en una gran y vigorosa llama de libertad, que pase por vuestros cuatro cuerpos inferiores, confortando ese bendito cuerpo etérico —el cuerpo que Dios llenó con la santa memoria de todas cosas bellas y hermosas, con la sustancia del mundo divino—, a fin de que podáis complaceros en ese poder que algún día llegaréis a conocer en su totalidad. Y comprenderéis el amor de un ángel y la paciencia de un ángel con los hombres, quienes frecuentemente salen de estas sesiones sagradas, en las que pasamos las energías de nuestro ser a la atmósfera, y regresan tan rápidamente a sus pensamientos y sentimientos humanos que es casi como cubrir con una cortina la gran gloria que fluye desde el reino divino. Casi parece como si se despreciaran y rechazaran los magníficos conceptos con los que hemos cargado la atmósfera, trayendo al mundo objetivo, por medio del pensamiento y del sentimiento, los gloriosos sentimientos de un reino angelical, bendiciendo al mismo tiempo todas las partes internas de vuestro ser con inefables e incontables estados de conciencia, que son el fuerte de las huestes angelicales y de los seres cósmicos...

¡El punto de contacto con Dios dentro de vosotros es la gran conciencia del hombre, que está designada a ser tan pura que se asemeja a la conciencia de Dios en toda su plenitud! Y realmente cada individuo carga con la responsabilidad de con-servar la pureza de la conciencia que es Dios (y la conciencia que Él tiene) por medio del poder de la llama transmutadora, haciendo que toda sustancia de pensamiento y sentimiento dentro de su mundo que sea inferior a la perfección de Dios, cambie su naturaleza, suelte toda tensión y suelte la disonancia que el mundo haya creado.

Hacedlo con presteza y alegría. Hacedlo con paz. Hacedlo con el pleno entendimiento de que vuestra victoria es vuestra intención Divina...

[...] Me gustaría haceros saber que dentro del cuerpo eté-rico de cada individuo en la Tierra se encuentran los registros de toda la discordia que él ha generado no sólo en esta vida, sino en todas sus encarnaciones pasadas.

Es totalmente indispensable, queridos míos, que uséis la llama violeta de la libertad para desalojar de la memoria esos episodios y os liberéis de ellos. Y al hacerlo, usando la llama violeta, debéis entender que sería una excelente idea —y repito, una excelente idea— si pidierais que los mundos de los indivi-duos a los que habéis perjudicado se llenen con el mismo poder que invocáis para vosotros mismos.

Así, con una sola acción específica podréis purificaros a vosotros mismos y equilibrar la acción kármica de vuestros propios mundos, y daros al mismo tiempo un ímpetu adicional para vuestra propia libertad final en la ascensión.

De nada sirve, queridos míos, que purifiquéis solamente

vuestro propio mundo, dejando una sustancia residual en el mundo del prójimo que habéis perjudicado, quien también forma parte integrante de Dios en algún lugar del universo, ya sea que esté, o no, en encarnación.

Por tanto, os insto a todos a que entendáis la necesidad de hacer llamados a fin de que cuando la llama violeta entre en vuestros cuatro cuerpos inferiores simultáneamente, entre también en los cuerpos de todos aquellos a quienes tal vez hayáis perjudicado.

Y ni siquiera sería mala idea, sino más bien una idea bendita, si además pidierais que sea dirigida a los mundos de aquellos que os han perjudicado. Porque así, queridos míos, estaréis asentando un saldo a vuestro favor en los grandes libros mayores de Dios, por el cual esos individuos serán bendecidos mediante vuestra actividad. Y prestaréis asistencia al cuerpo planetario para que encuentre su libertad más rápidamente y se alcance la salvación de la Tierra al mismo tiempo que alcanzáis vuestra salvación personal.

¡Oh queridos míos, si los individuos tan sólo comprendieran la misericordia de la ley! Si los individuos tan sólo entendieran que sólo pueden recibir lo que han dado.

Os digo que si ellos tuvieran en mente estos hechos y los guardaran en su conciencia, no reaccionarían entre sí de la forma en que a menudo lo hacen en momentos de descuido, creando mayor karma en tiempos en que es tan esencial para los individuos que desean lograr la ascensión saldar cada ápice de su karma aquí y ahora.

Si los individuos tan sólo se dieran cuenta de la suprema y solemne responsabilidad que tienen ante Dios, entenderían que el mundo ya está desequilibrado por la manifestación del karma negativo y que la ley requiere y exige que el gran poder de la abundancia de las aguas de misericordia se vierta al terreno reseco de la conciencia del hombre, mitigando la tremenda sed de su corazón por el perdón, la llama del perdón y el otorgamiento del perdón. Llamo ahora, en el nombre de Dios, para que se otorgue este gran poder de la misericordia que hará que la llama de la misericordia resuene y retumbe por todo el universo.

Me preguntaréis: «¿Cómo puede hacer eco una llama? ¿Puede hablar una llama?»

Sí, una llama puede hablar. Porque la Palabra de Dios es una llama, y la Palabra ha hablado. Y la Palabra de Dios hace eco y retumba por los pasillos de la eternidad. Y produce aquí, en este lapso de tiempo, la gran comprensión de que los hombres necesitan perfección y equilibrio para que puedan encontrar el portal oculto...

¡En este día yo lleno, lleno y lleno vuestros mundos con la sustancia de la llama violeta! ¡En este día yo lleno, lleno y lleno vuestros mundos con la llama de la libertad!

Y digo: ¡Eliminad, eliminad, eliminad todos los pensamientos y sentimientos humanos! No los sigáis reteniendo, y reemplazadlos con la capacidad infinita que los Maestros Ascendidos tienen para amar e invocar misericordia, justicia, libertad y la rectitud de Dios, la cual desea vivir en vosotros como la luz desea vivir y brincar con la libertad de un cervatillo a lo largo de la faz de la Tierra, hasta que la alegría sea el punto fuerte de todo hombre y la victoria se obtenga por el poder de la gran llama de la libertad; la realidad de Dios que emana por el enorme poder del Espíritu Santo y el poder de la infinita preeminencia de Dios que existe en la mente de todo hombre, pero no es reconocida; que existe en el corazón de todo individuo, pero parcialmente pasa sin que se use; que está cerca, incluso delante de la puerta.

¡La gran llama violeta de la libertad ha hablado a través de mí y está llamando a las puertas de vuestros corazones! Pide entrada, admisión a la perfección. Porque es la sustancia que nunca aceptará ni se permitirá aceptar las características de imperfección humana, pero que es capaz de absorber, transmutar, cambiar y producir perfección en vuestro mundo y liberaros ahora y por toda la eternidad.

¡YO SOY Zadquiel, de las huestes cósmicas!

¡YO SOY Zadquiel, del reino angelical!

¡YO SOY Zadquiel, amigo de Dios!...

La panacea contra toda duda y temor
Señor Zadquiel

¡Salve, ángeles de la llama violeta! ¡Salve, seres cósmicos de transmutación! ¡Salve, hijos del único Dios! La hora ha llegado y ahora es cuando la valerosa llama de la transmutación debe ser reconocida como la panacea contra toda duda y temor.

Los individuos deberían entender que el poder de los arcángeles está presente cuando lo invocan, cuando creen en él, cuando confían en Dios y entienden que la esencia de Su llama electrónica desciende en respuesta al llamado.

Amados míos, sois los Hijos del Sol, sois los Hijos del Uno. Sois sumamente afortunados por tener el conocimiento del uso correcto de la llama violeta transmutadora. Si hoy en día el mundo fuera capaz de aceptar la llama violeta transmutadora, la mayoría de los problemas que perturban a la humanidad, literalmente, se desvanecería; porque los individuos una y otra vez se contagian mutuamente con su propia discordia y falta de armonía.

Ellos prestan atención a los oscuros y a los temores negativos que son creados en sus propias mentes y que hacen surgir un cúmulo de opiniones negativas con respecto a muchas materias, impidiéndoles la plena aceptación y el impulso de esa magnífica fe Divina que siempre proporciona a todo individuo la gran tranquilidad de saber que su Presencia Divina siempre le otorga su gracia desde las alturas, en respuesta a su llamado...

El esfuerzo transmutativo es algo realmente maravilloso de contemplar desde niveles internos. Así, vemos a un individuo sentado que se encuentra rodeado de toda clase de pensamientos de negación contrarios a la gracia divina, y a su alrededor se forma el enorme poder de la luz cual electrodos gigantescos de energía cósmica.

Y los ángeles están allí extendiendo las palmas de sus manos, y un arco de energía de luz cósmica cruza el campo energético del ser humano. Y cuando ese arco despide rayos parece que evapora, literalmente, las condiciones negativas y éstas desaparecen completamente del corazón y de la mente...

No me importa cuáles sean las condiciones a las que os

enfrentáis; si reconocéis que Dios es el soberano, que él rige en vosotros y que el potencial que él tiene en el universo es también el potencial en vuestro mundo, esto os ayudará enormemente a aceptar el poder de la llama de la transmutación.

Y os digo que cuando esa llama resplandece plenamente en el altar de vuestro ser, tiene el poder de barrer esas nubes oscuras de necedad humana que habéis acumulado sin desearlo, e incluso las que habéis acumulado intencionadamente. Ambas tomarán el mismo camino hacia los dominios de la gracia cósmica, hacia los calderones del gran fuego violeta, donde dejan de existir.

Y esos calderones, burbujeantes, restituyen al Sol Central los pequeños electrones preciados y la sustancia que la humanidad había cualificado tan mal. Y, por tanto, no sólo el individuo se limpia de estas condiciones, sino también el universo.

Y Dios es glorificado, y los nuevos rayos salen del Sol a medida que los viejos rayos son transmutados; y la magnificencia de Dios resplandece más a medida que la sustancia mal cualificada se vuelve a convertir, en pulsaciones polarizadas del Sol Central, en energía espléndida de Dios, emitida por Dios, cualificada por Dios, animada por Dios, que entra en vuestro mundo...

Invocad los fuegos sagrados de la misericordia y del perdón del corazón de la Madre de Misericordia
KUAN YIN, Bodisatva de Oriente, Mediadora de Misericordia

[...] A vosotros, que habéis sentido el dolor de la aflicción, os digo: venid a mis brazos y aliviaos de vuestra carga. YO SOY vuestra Madre de Misericordia. Deseo traeros la llama violeta. Y esta llama violeta es vuestra, sólo con que la pidáis. La Ley exige que invoquéis la llama, queridos míos, para que la podáis recibir. Y así nosotros, que somos los Maestros Ascendidos, también obedecemos las leyes de Dios, y os amonestamos que seáis leales. Porque de la ley sale el orden de un cosmos, la estructuración de la vida y el ritual cotidiano del Sol, de las estrellas y de la rotación de la Tierra [...]. Cuando os sintáis desacreditados e indignos, como si fuerais incapaces de lograr algo que tenga valor ante los ojos del Señor, recordad a Kuan Yin, recordad la misericordia. Invocad los fuegos de la misericordia y decid:

En el nombre de Jesús el Cristo, en el nombre de mi Yo Crístico, en el nombre de mi amada Presencia YO SOY, invoco la ley del perdón.

Oh Dios, deseo hacer las paces contigo hoy día. Perdona mis errores e injusticias, mi falta de equidad, mi egoísmo y pecado.

Perdóname, oh Dios, te lo ruego, y dame la oportunidad de corregir todo error, de volver a cualificar todo lo que ha sido cualificado mal, de transmutar lo que no ha sido la perfección del cumplimiento de la Ley.

Una vez invocada la ley del perdón y cuando hayáis acudido al Yo Crístico que oficia como sacerdote en el altar de vuestro corazón, estad en paz. Sabed que la llama del perdón llega y que es sostenida porque os esforzáis en corregir todo error. Cuando se repite el mal acto, si esto continúa, entonces la llama del perdón es retenida; porque no se puede conceder perdón donde no hay arrepentimiento y un retorno al camino con Dios.

Cuando hayáis hecho un verdadero esfuerzo en la oración y acción, sabed entonces que la paz del Dios misericordioso está con vosotros, que podéis caminar con la frente en alto. Y sabed que la alegría de Dios está en vosotros y que sois dignos de ser su progenie, su hijo, su hija.

Luego, cuando hayáis hecho las paces con Dios y los caídos vengan a condenaros de nuevo y a acusaros, entonces les diréis:

¡No acepto vuestras brujerías, ni vuestras proyecciones ni vuestras condenaciones! Porque mi Dios me ha perdonado mis pecados y hoy he hecho las paces con Él. Por tanto, ¡aléjate de mí, Satanás! ¡Porque no viviré en la conciencia del acusador de sus hermanos, y tampoco me sentaré en la silla del escarnecedor, despreciando y condenando a otros como yo he sido condenado!...

Vosotros estáis viviendo una época en la que podéis hacer el máximo uso de la llama de la misericordia. Se os ha dado el llamado para el perdón, un mantra sencillo que podéis dar, escrito por el amado hijo El Morya. Él ha dado estas líneas para que podáis recitar un mantra de misericordia dondequiera que os encontréis, entendiendo que el perdón es la clave para contactar la puerta abierta de vuestro Yo Crístico.

¿Queréis, pues, repetir el dulce mantra?

> YO SOY el Perdón aquí actuando,
> Arrojando toda duda y temor,
> Liberando a los hombres por siempre
> Con alas de Victoria cósmica.
>
> YO SOY el que invoca con pleno poder
> El Perdón a toda hora;
> A toda vida y en todo lugar
> Infundo la Gracia del perdón.

La primera vez que se da este mantra es para perdonarse a uno mismo y con ello perdonar a los demás. Sed bondadosos con vosotros mismos [...]. YO SOY Kuan Yin. Vendré cada vez que me llaméis, pero la misericordia de la ley requiere lo siguiente: que deis la invocación, que uséis el poder de la Palabra a fin de manifestar la victoria.

YO SOY Kuan Yin. Os bendigo con mi amor y os tengo en mis brazos para siempre.

Eliminando las causas y núcleos de todos los errores humanos por medio de la memoria de perfección de Dios
KUAN YIN

[...] Amados míos, esta llama violeta transmutadora es el pleno poder de Dios en acción para eliminar las causas y núcleos de todos los errores humanos, ¡sin tomar en cuenta cómo, cuándo, dónde, por qué o por quién fueron cometidos! ¡Su luz y su llama responden infalible e instantáneamente a vuestros llamados!

La única apariencia de demora o de fallo que jamás pueda haber es que el vacilante yo exterior del ser no ascendido se rinda demasiado fácilmente y demasiado pronto. La persistencia eterna conduce al éxito...

La Luz responde instantáneamente a vuestros fervientes llamados y va directamente (¡porque es sustancia inteligente!) a la persona, el lugar, la condición o la cosa adonde haya sido dirigida en el mundo de la forma. Sin embargo, ahí se topa a veces con la densa, solidificada y pesada sustancia de lenta vibración de la energía cualificada discordantemente, que rodea a la persona que requiere ayuda; esta ensombrecida sustancia actúa como si fuera un escudo contra la Luz hasta que la Luz tiene la oportunidad de disolver el obstáculo...

Ahora bien, esta llama violeta transmutadora invocada conscientemente para que entre en acción, disuelve realmente (como el agua disuelve la sal) esas desafortunadas condensaciones de forma distorsionada, creadas por lo humano; pero repito, la velocidad e intensidad de su acción dependen en gran parte de los sentimientos de ferviente sinceridad, fe y gratitud amorosa en la conciencia de aquel que la invoca.

Además, puesto que la llama violeta es verdaderamente la memoria de perfección de Dios, hace más que simplemente disolver esas formas. Realmente sublima (refina con fuego) toda esa energía ensombrecida y después la transmuta en la pura esencia de luz de la cual surgió al principio, regresando toda esa energía ensombrecida al Sol para que se repolarice...

Como amigos íntimos y verdaderos compañeros de las huestes ascendidas en la Tierra, ¿no deberían esforzarse ahora todos nuestros bienamados chelas, práctica y diariamente, en expresar la más amorosa paciencia con esas apariencias humanas todavía no transmutadas en y alrededor de ellos mismos y de los demás?

¡Yo puedo ayudaros a lograrlo si deseáis mi ayuda! Haced el llamado directamente a mí cuando queráis que esos sentimientos humanos traten de manifestarse a través de vosotros, y pedidme que os dé mis sentimientos de misericordia amorosa y paciente para con ellos. Yo os los daré siempre que tratéis de sentirlos. Entonces, mantened la visión de maestría divina para vosotros mismos y para los demás hasta que esa maestría se manifieste.

¡Hagamos que vosotros seáis fuente y expresión perfectas

de nuestra dulce paciencia con toda vida! Nosotros nunca estamos más lejos de vosotros que el latido de vuestros corazones y contestamos cada uno de vuestros llamados. ¡Creedlo, porque es cierto!

Una medida de la devoción del corazón
K-17, jefe del Servicio Secreto Cósmico
(hablando a los estudiantes después de una sesión de decretos dinámicos)

[...] La energía que habéis ofrecido en los decretos es un medio por el cual vosotros, como la expresión monádica individual de la Deidad, habéis invocado del corazón de esa Deidad la pureza, el amor, la devoción y la transmutación que deseáis para la Tierra...

Amados míos, es fácil contemplar en todas partes de la Tierra, durante las competiciones y acontecimientos deportivos, cómo se reúnen tremendas multitudes y gritan en pro del equipo ganador.

A veces gritan por el equipo perdedor. Depende de quién sean partidarios. Amados de la luz, ¿de quién sois partidarios? De Dios. Y, por tanto, cuando os reunís en un lugar para ofrecer solemnemente a Dios las llamas del corazón de vuestros seres inmortales por medio del poder de la Palabra hablada, lo hacéis para dignificar a todos los hombres e investirlos con esas vestiduras de inmortalidad que nosotros llevamos...

Éstas no se ganan, queridos de la luz, sin una cierta medida de sacrificio, porque los individuos han creado, por medio del poder que Dios les dio, los moméntums que los confinan a ciertos hábitos, y les es difícil romper esos hábitos mantenidos por siglos y casi por milenios.

Pero, amados de la luz, las llamas de Dios pueden hacer por el hombre lo que éste no puede hacer por sí mismo, y por eso la invocación a estas llamas es sumamente importante. Y el trabajo, el servicio ofrecido a Dios por medio de vuestros decretos, es importante.

Que nadie declare jamás en ningún lugar que el poder de la Palabra hablada, acompañado de una medida de la devoción del corazón y de la intención de lograr lo bueno, no invoca una manifestación de la voluntad divina sobre la Tierra, porque sí lo hace. ¡Y yo, K-17, lo declaro!...

Un fíat para la ascensión: fuego violeta mañana, tarde y noche; y amor ilimitado por Dios y por el hombre

EL PRÍNCIPE ORÓMASIS del elemento fuego, que mantiene con las Cuatro Fuerzas Cósmicas el equilibrio para las evoluciones de la Tierra

[...] Éste es el propósito del fuego sagrado: libraros para transmutar en vosotros lo que obstaculiza, lo que es discordante, lo que verdaderamente os está impidiendo entrar en vuestra libertad Divina. Ahora bien, cuando tenéis una determinación Divina —tal como la tiene un ser angelical— de que nada, absolutamente nada interferirá con vuestro progreso eterno, entonces seréis capaces de tomar nuestras manos con la misma tenacidad con la que nosotros tomamos las vuestras, y con todo el fervor y el fuego de vuestro ser nos diréis:

«Yo también soy un ser cósmico. YO SOY un ser de fuego sagrado. YO SOY el que está aquí por la gracia de Dios. YO SOY y tengo inteligencia, conocimiento y sabiduría por medio del poder de Dios Todopoderoso, a fin de que pueda producir perfección.»

Cuando hayáis tomado la determinación de que vais a producir perfección, emitiréis el fuego sagrado a través de vuestro ser de igual forma que el filamento de una bombilla de luz eléctrica emite la radiación de luz debido al flujo de la corriente a través de la bombilla. En ese preciso momento, seréis iluminados divinamente y cada grano de escoria será eliminado de vuestro mundo.

Amados míos, en el nombre de la pureza Divina, ¿por qué desearía algún individuo retener los vestigios de vejez, decaimiento y de lo que no se basa en la pureza eterna?

Algunos pueden decir: «Como ser cósmico, no puedes entender cómo a veces estamos sumergidos en los efluvios humanos.» Puede que esto sea verdad, amados. Pero os digo que aquellos que estuvieron entre vosotros, el amado Saint Germain y el amado El Morya, subieron penosamente por un camino escarpado y fueron capaces de entrar a su libertad eterna.

Éste es el mensaje que me han dicho, que les gustaría trans-
mitiros esta noche:

Que cada uno de vosotros que decida hacerlo así con todo
el amor de su corazón, y sostenga firmemente las manos de ellos
e invoque el fuego violeta todos los días de su vida —mañana,
tarde y noche— y después me llame a mí, Príncipe Orómasis,
entrará sin duda, si mantiene amor ilimitado por Dios y amor
ilimitado por el hombre, en su ascensión al final de esta encarnación.

¿Os dais cuenta del significado de mis palabras? Es un fíat
eterno de la hueste celestial: Que todos los que tengan suficiente
fe en Dios, en la palabra de un ser cósmico como para aceptar
esa radiación y esa verdad Divina, y no dejen un solo día de sus
vidas desde hoy en adelante, mañana, tarde y noche, de invocar
intensamente la llama violeta transmutadora; los que dediquen
algún tiempo todos los días a derramar adoración a su Presencia con cada gramo de energía y que den también su amor
a toda la humanidad, éstos harán su ascensión al final de esta
encarnación porque el llamado habrá obligado la respuesta...

Usad el siguiente fíat de Orómasis para cumplir con su petición de
llamarle, después de dar vuestras invocaciones al fuego violeta por la
mañana, tarde y noche:

La Llama Viviente de Libertad Cósmica

Tomado de un dictado del Príncipe Orómasis

En el nombre de la amada, poderosa y victoriosa Presencia
de Dios, YO SOY en mí, mi propio amado Santo Ser Crístico,
amados Helios y Vesta, Saint Germain y Porcia, Señor Zadquiel,
amados Príncipe Orómasis y Diana, amado Lanello, todo el
Espíritu de la Gran Hermandad Blanca y la Madre del Mundo,
vida elemental: ¡fuego, aire, agua y tierra! Yo decreto:

¡YO SOY la llama inmortal de la Libertad Cósmica!
¡Exijo que todas mis energías en concentración externa
    se sometan a la gran llama de Dios dentro de mi corazón!
¡Exijo que todas las condiciones externas
    se sometan a eficaz control Divino!

¡Exijo que todo lo que no sea de la Luz sea transmutado
y cambiado, y que yo sea la plenitud de todo lo que
YO ya SOY!
¡Porque YO SOY la plena perfección de Dios!
¡YO SOY la Llama viviente de Libertad Cósmica!
¡YO SOY el alegre y vivaz júbilo de Dios
que atraviesa mis cuatro cuerpos inferiores y desciende
desde el corazón de mi Presencia para darme mi Libertad
ahora!
YO SOY el poder ascendente del Espíritu de luz y fuego
que me eleva a la victoria de mi ascensión y es todo el
moméntum acumulado de victoria de los santos y seres
ascendidos de todas las eras para ascender de regreso al
mismo corazón de Dios y a su conciencia inmortal. Por
tanto, ¡Dios, ayúdame!*.

¡Y con plena Fe, conscientemente yo acepto que esto se manifieste, se manifieste, se manifieste! (3x). ¡Aquí y ahora mismo
con pleno Poder, eternamente sostenido, omnipotentemente
activo, siempre expandiéndose y abarcando el mundo hasta que
todos hayan ascendido completamente en la Luz y sean libres!
¡Amado YO SOY! ¡Amado YO SOY! ¡Amado YO SOY!

La frecuencia de la libertad personificada en la presencia electrónica del Dios de la Libertad
OMRI-TAS, Regente del Planeta Violeta

[...] La libertad es una luz, un rayo de energía [...]. Cuando
sostenéis consciente y gustosamente la luz de la llama violeta
dentro de vuestro ser, entonces sois verdaderamente libres. Pero
si permitís que vuestras energías de llama violeta se disipen y
os olvidáis de hacer los llamados para intensificar esa luz, en
esos momentos en que vuestra aura se ha inundado de campos
energéticos del mundo, ya no sois libres porque no tenéis la
frecuencia de la libertad que es la llama violeta.

Éste es un concepto muy interesante, amados míos. ¡Significa que la libertad tiene que ser apoyada por las matemáticas

---

*Repetid la parte principal de este fíat tres, nueve o más veces según lo de-
seéis y luego dad el final.

de un cosmos, la frecuencia de un cosmos y por la verdadera Presencia, la Presencia Electrónica de esa manifestación personal de Saint Germain, el Dios de la Libertad de la Tierra! [...]. Cuando rechazáis al representante de vuestra libertad, Saint Germain, realmente rechazáis la libertad. Ved, pues, cómo la humanidad se ha atado a sí misma a las cadenas de la ignorancia y la esclavitud simplemente porque su propia autoadoctrinación de temor y duda no le ha permitido recibir al Gran Dios de la Libertad de la Tierra. Ved que la negación de ese Hijo de Dios que ha perfeccionado una llama, os negará esta misma llama. Ésta es la ley de la jerarquía. Ved cómo funciona en vuestras vidas. Si negáis al artista, ¿podéis aprender el arte? Sin la persona del artista que ha de transferir el arte, éste permanece suspendido en otra dimensión, que es la mente de Dios.

Ahora, pues, 144.000 sacerdotes del fuego sagrado dirigen desde el planeta violeta la energía de la llama violeta. ¿Vais a rechazar la llama porque no os gusta la etiqueta que lleva? Si Jesucristo estuviera entre vosotros para daros misericordia y paz, aceptaríais la llama. Se cambia la etiqueta y la humanidad rechaza la mismísima esencia. Así, vivimos en una era de alquimia cuando ésta también implica que el yo tiene que sumergirse en la personalidad de Dios. Ésta es la gran enseñanza que le llega a la humanidad desde Oriente: que debéis convertiros en la personificación de Dios, que no podéis abandonar a Dios en una neblina vaporosa y negarlo totalmente en sus hijos e hijas, o si no perderéis también la poderosa presencia del Gran Espíritu...

La gran alquimia de la llama violeta que deseo revelaros es que dentro de sus pliegues, dentro de sí misma, contiene estos puntos focales de luz que son elementos del ser de Dios. Y, por tanto, cuando la llama violeta pasa a través de vosotros, se lleva a cabo la gran ciencia de la transmutación porque la llama contiene dentro de sí misma elementos de la mente de Dios que son capaces de transmutar la oscuridad en luz, una luz mayor de lo que os imagináis, una mayor conciencia cósmica...

Vengo a recordaros que aumentéis vuestras invocaciones. Y Saint Germain me ha pedido que os repita que treinta minutos diarios dedicados a la llama violeta son de lo más importante para mantener el equilibrio de vuestra corriente de vida, para eliminar los productos químicos nocivos y los campos energéticos que pasan a través de vuestras auras sin que lo notéis, para la acción de diferir de los Señores del Karma y para el gran cambio que va a ocurrir, el cambio hacia la Revolución Venidera [en Elevada Conciencia] que cambiará la conciencia de un pueblo y un planeta a una edad dorada de conocimiento, a la memoria de edades de oro pasadas, e incluso a la comprobación y penetración de conocimientos en el universo de la Materia desconocidos anteriormente. Estos conocimientos vendrán repentinamente a la gente a medida que haya una creciente energía de llama violeta que consuma los velos de esa ignorancia, velo tras velo...

¡Levantaos y actuad! ¡Tomad vuestras antorchas, y el fuego en ellas! ¡Permitid que se enciendan vuestros chakras, y regocijaos de que Dios pone hoy en vuestras manos la trascendental oportunidad de servir en forma extraordinaria para aliviar la carga de la ignorancia, la malicia, la autosimpatía y la autopreocupación, que presentan toda la trama y telarañas del plano psíquico! Todo esto puede barrerse a un lado, ¡tiene que barrerse a un lado para dar entrada al nuevo día! Nosotros no tenemos la sensación de lucha; vivimos perpetuamente en un mar de llama violeta. Vosotros podéis hacer lo mismo [...]. Que vuestros rostros y que vuestros cuerpos llenos de luz reflejen la belleza y la alegría de los ángeles, que son vuestros compañeros en el camino. Y que la humanidad sienta el espíritu contagioso del afecto de Dios Todopoderoso: tan intenso, tan abrasante, tan jubiloso, tan optimista.

¡Éste es el sentimiento de la llama violeta! Si lo perdéis por un momento, recordad lo que os he dicho: en ese instante dejáis de ser libres...

Un llamado y una advertencia: intensificad la transmutación para que la discordia de la humanidad no sobrecargue a la vida elemental y se produzca un cataclismo mundial

VIRGO Y PELLEUR del elemento tierra, que mantienen con las Cuatro Fuerzas Cósmicas el equilibrio para las evoluciones de la Tierra

[...] Venimos, por tanto, a presentar nuestro caso en favor de la vida elemental, a implorar y suplicar que los Guardianes de la Llama incrementen e intensifiquen sus invocaciones a la llama violeta, trabajando hombro a hombro con los seres de los elementos a fin de transmutar toda discordia humana para que ésta no se convierta en una carga demasiado pesada y para que el péndulo de la Gran Ley no vuelva a oscilar otra vez hacia la retribución por medio de cataclismos planetarios.

A los corazones de oro hacemos llegar la advertencia de que, a menos que se intensifique grandemente la saturación del cuerpo planetario con la llama violeta por medio de la multiplicación de los llamados de los Guardianes de la Llama, habrá en esta década grandes cataclismos planetarios, cambios en las condiciones climáticas y terremotos que ocasionarán grandes pérdidas de vidas, así como cambios permanentes en la superficie geográfica de la Tierra.

Los benditos seres elementales han hecho y están haciendo todo lo que está en su poder para evitar desastres en la naturaleza. Vuelvo a repetir: ¡estamos tocando a rebato! A menos que la vanguardia de los portadores de Luz ponga mano en el arado y una sus fuerzas a la de los servidores del «buey que trilla el grano», incrementando el flujo del Espíritu Santo y la llama violeta junto con la llama de la resurrección en favor de los servidores de Dios y del hombre en la naturaleza, habrá cambios violentos en el planeta.

Os avisamos, amados seres, mientras todavía hay tiempo y espacio suficientes para que cumpláis con la ley y proveáis el contrapeso necesario de la conciencia de Dios y su fuego sagrado.

Como electrodos en la Tierra, vuestros decretos dinámicos,

vuestras oraciones fortificadas por un corazón puro, unidos al
Espíritu del Señor y vuestros fíats al fuego sagrado de Dios que
todo lo consume, serán como si plantarais en la tierra varas
del Señor, remolineantes vórtices de energía que consumirán
y transmutarán la discordia de la humanidad por medio de la
llama de la misericordia.

Por tanto, tenemos la esperanza de que por medio de la cooperación consciente entre los seres elementales, los Maestros y
el hombre encarnado, pueda detenerse una vez más el curso del
karma mundial venidero, y los hombres diligentes nuevamente
ganen tiempo y espacio para que los seres recalcitrantes y los
rezagados puedan apresurarse y entren finalmente en el Sendero
en calidad de desinteresados servidores de la Luz...

A menos que se invoque suficiente llama violeta, la vida elemental no soportará más la carga

SAINT GERMAIN, Señor del Séptimo Rayo,
Jerarca de la era de Acuario

[...] Heme aquí, he venido. YO SOY el que ha venido a
vosotros con la llegada de la Mensajera que va delante de mí,
de este a oeste a todas las naciones, llevando mi Corazón de
Fuego Morado para que el Todopoderoso detenga la acción en
esos momentos en los que parece que el cataclismo está listo
para precipitarse y ser catapultado del plano astral al físico...

Así reaccionan los seres de los elementos en el furor y fuego
de las alturas. Y de la Tierra sale el mensaje y la advertencia,
que ya se dio a los Guardianes de la Llama, de que a menos que
se invoque suficiente llama violeta, la vida elemental no sosten-
drá por más tiempo la carga de la cruz del karma planetario y
habrá en esta década cambios significativos en la superficie de
la Tierra...

De una vez por todas, sabed Guardianes de la Llama —tal
como estoy ante vosotros el Caballero Comendador, el Padre
de la Iglesia y aquel a quien se ha confiado el equilibrio de este
ciclo de dos mil años—, sabed, os digo, que ¡cada palabra de
los hijos de mi corazón, cada decreto dinámico es de suprema
importancia en estos momentos de máximas pruebas!...

Venimos, entonces, a explicar lo necesario que es el Llamado...

Amados, los conflictos están aumentando, la falta de justicia y los prejuicios entre las razas en los Estados Unidos y por todo el mundo...

Amados míos, existe sólo una actividad que puede resolver la crisis de la división de las razas en América y en toda la Tierra, y es la llama violeta. Es la acción del fuego sagrado. Son las enseñanzas de los Maestros Ascendidos. No existe ningún grupo religioso que haya logrado acabar con este cisma. Hoy en día no existen individuos que ofrezcan soluciones adecuadas...

Os digo, amados míos, que hay lugares en la superficie de la Tierra, grandes extensiones de tierra y áreas con millones de habitantes, donde todavía no se ofrece ni una sola invocación al fuego sagrado y a la llama violeta. Es sumamente difícil para la vida elemental sostener el equilibrio en esos campos energéticos...

[...] Venimos a marcar un nuevo paso acelerado por la llama violeta. Así, media hora de invocaciones a la llama violeta tres veces al día, dará como resultado, ¿sabéis qué? El sostenimiento del equilibrio para la Tierra y vuestro propio equilibrio de karma personal.

Algunos de vosotros habéis venido a mí por muchos años, extrañados y consternados porque no seguíais progresando en el Sendero. Y de alguna forma, habéis pasado por alto el disolvente universal de la llama violeta. Habéis encontrado, pues, el sueño del alquimista en este fuego violeta. Usadlo. Usadlo tal como los Elohim mismos conciben un plan para crear al hombre perfecto y al Hijo Varón. Usad la llama violeta para ir más allá de vosotros mismos, para superaros a vosotros mismos. Es la ley de la autotrascendencia. Ved lo que se puede lograr...

Transmutad la enfermedad llamada muerte
mediante la llama violeta cantarina
SAINT GERMAIN

[...] Amados, existe una enfermedad y esa enfermedad se llama muerte. Podéis transmutar esa muerte en vida mediante la invocación a la llama violeta y por el don de milagros en nombre de Dios. Hasta que no se aplique la llama violeta a esa enfermedad de muerte, ésta no retrocederá.

El don de la llama violeta es el gran milagro del siglo para consumir y hacer retroceder con ese empuje, ese rodar y un ¡ho, ho, ho!*. Y la risa es la risa de un cosmos. Es la risa de la vida, vida que se ha convertido en la plenitud de sí misma al transmutar totalmente todo registro de muerte...

Muchos de vosotros habéis cuidado a seres queridos en la hora de esta crucifixión mientras entregaban sus vidas en el proceso de la transmutación que podría haberse conseguido con la llama violeta si hubiera sido invocada en el momento de iniciarse la enfermedad llamada muerte y el cultivo de esta enfermedad, el odio mismo. Amados, os habéis dado cuenta de que esta enfermedad puede ser omniconsumidora y, sin embargo, el amor de por sí es omniconsumidor.

Entended que la Tierra padece de una enfermedad, el cuerpo planetario está enfermo. El ungüento, la droga milagrosa, el remedio, es siempre, siempre y siempre la llama violeta, la llama violeta transmutadora que canta mientras consume.

¿Por qué es la llama cantarina? Porque canta la melodía de la nota clave del átomo. Cualquiera que sea la sustancia —un árbol, una flor, las montañas, el templo corporal, el alma—, cada átomo y cada molécula del Espíritu y de la Materia tiene su propia vibración, su nota clave. Y cuando la llama violeta toca esa partícula, automáticamente canta la nota de esa sustancia, y ésta se ajusta a su propio patrón interno y a su propia armonía interna, y la llama violeta canta muchas, muchas melodías todo el día.

¡Oh llama violeta cantarina, canta la canción de estas almas! ¡Canta la canción de las almas! Canta las canciones de los átomos individuales del ser, los órganos de vida. Y haz que estos chelas vengan ahora, que vengan conmigo a la Cueva de los Símbolos esta noche. ¡Oh llama violeta, cúbrelos con tus vestiduras envolventes! Envuélvelos ahora en esa llama, en ese sari; haz que recuerden sus años en la Madre India cuando los grandes yoguis de tiempos remotos les iniciaron...

---

*Derivado de un lema de Saint Germain «with a thrust and a roll and a ho, ho». [N. del T.]

La clave para las eras de oro eternas: sin vosotros nada cambiará
SAINT GERMAIN

[...] Los Elohim tienen la esperanza de que la dispensación de la llama violeta sea verdaderamente la clave para las eras de oro eternas que Dios ha guardado en su corazón como esperanza para esta Tierra y sus evoluciones...

Estamos llegando al final del año 1982 y otra vez me encuentro suplicando a los Señores del Karma. Ellos me han dicho: Saint Germain, ve y suplica a los Guardianes de la Llama. Porque tú sabes que la dispensación sólo puede venir de sus corazones y de su voluntad para dedicar este último mes del año a transmutar con la llama violeta esas condiciones en la Tierra que con seguridad conducirán a cataclismos, incluso en los próximos veinticuatro meses, a menos que haya una extraordinaria descarga y moméntum de llama violeta, y por consiguiente la intercesión de las legiones del séptimo rayo se interponga entre la humanidad y el retorno de su infamia...

Por tanto, vengo a suplicar ante el altar de vuestros corazones. Y de mi propio moméntum de servicio, os doy visión y resistencia contra las oleadas de vuestro olvido, para que recordéis y no olvidéis que en el momento en que cambia el ciclo de este año y de todos los años hasta el 2001, lo que acontezca en el año siguiente dependerá en gran parte de lo que puede transmutarse en las últimas seis semanas antes de que termine el año anterior...

Benditos corazones, seguros en la llama violeta os concedo lo siguiente del amor de mi corazón: que si saturáis nuestro santuario, nuestra Tierra y vuestras auras, simultáneamente, con la llama violeta, yo haré que oigáis conscientemente mi voz y mi llamado dondequiera que os encontréis sobre la faz de la Tierra...

¡Sólo vosotros, hijos del Altísimo, podéis cambiar el mundo como alquimistas del fuego sagrado! Vosotros sois los actores. Es vuestra oportunidad. Tenéis que entender que sin vosotros, sin vuestra Cristeidad, sin vuestros llamados y sin la Palabra hablada a la llama violeta, nada cambiará...

Caminando por las grandes ciudades de América repartiendo la llama violeta como Cristo haría
SAINT GERMAIN

[...] Os digo, queridos míos, que hay una gran necesidad de llama violeta. Tenéis que dar tanta llama violeta como dais todos los demás decretos. Tenéis que suplir vuestros decretos con la llama violeta y con rápidas invocaciones mientras vais de aquí para allá.

Vuestro mantra a la llama violeta «América es un país de fuego violeta, América es la pureza que Dios desea», ha de ser vuestro mantra [...]. Debéis verlo aparecer aquí y allá y en todas partes, nombrando las ciudades, los lugares y a vosotros mismos.

¡Veos a vosotros mismos como seres de fuego violeta! ¡Veos a vosotros mismos como la pureza que Dios desea! Veos caminando por las calles, por las grandes ciudades de América, repartiendo la llama violeta como Cristo haría. ¡Veos en vestidos de color morado, violeta y rosado! ¡Veos saturados como pilares de fuego violeta!

¡Debemos llevar a cabo esta limpieza! Debemos llevarla a cabo; porque es la puerta abierta, la oportunidad para que se limpien esos registros que no deben formar parte del nuevo fundamento de la nueva era...

Entended que la libertad tiene que moverse. La libertad tiene que ser conocida en toda la Tierra y la alegría de la libertad tiene que disipar todo peso y carga...

La fuente del perdón para eliminar toda transgresión de la ley: la transmutación del karma
EL MORYA, Señor del Primer Rayo,
Jefe del Consejo de Darjeeling de la Gran Hermandad Blanca

[...] ¡Regocijaos y estad contentos! Que la alegría de Dios esté con vosotros, porque Él ha establecido en medio de vosotros la fuente de luz, la fuente del perdón. Y la llama violeta transmutadora es sin duda alguna el regalo, sin duda alguna es el regalo del Espíritu Santo para eliminar toda transgresión de la Ley.

Por eso, gente de luz, de entre todos los seres humanos vosotros deberíais ser los más jubilosos y los más talentosos, los más agradecidos de todos; porque Dios os ha confiado los secretos del séptimo rayo, incluso el misterio de la transmutación, por el cual sabéis que lo que se pone en la llama del fuego del corazón este día no tiene que aparecer nunca más.

Por tanto, regocijaos, porque esto es verdaderamente más que el perdón de los pecados; es la transmutación del karma. Y, por tanto, semejante regalo sagrado debería recibirse con esa alegría maravillosa que desborda las orillas de la corriente de identidad como arroyos burbujeantes que inundan la vida, fluyendo con la prueba viviente de que el Dios de Israel cumple las promesas que os hizo y que esto es el cumplimiento en los últimos días de la visión de Daniel, de la esperanza de Isaías y verdaderamente de la promesa hecha a Isaías y a Jeremías del advenimiento del Uno, del advenimiento del Dios Emanuel...

Vosotros esperáis al Señor, y nosotros esperamos a que el alma forme perfectamente el regalo de amor para Dios. Es el regalo de perdón perpetuo, de libertad y júbilo de la llama violeta, de felicidad, de resistencia trascendente y optimista que se enfrenta al error y declara:

¡No tienes ningún poder sobre mí, porque yo estoy en el corazón de Zadquiel! ¡Y con un empuje, un rodar y un ho, ho, ho!, estoy aquí para empezar nuevamente una espiral de victoria que otrora conocí en el corazón de Dios cuando me empujó a desafiar a los caídos...

¡Cuando tenéis la llama violeta, tenéis la panacea, tenéis la solución universal y tenéis la fuente de la juventud! Así, los alquimistas y los que van en busca de la vida han ido en pos de estas tres y todas os son dadas...

Oh preciados corazones, ningún pecado por muy viejo que sea es tan intenso que no pueda quitarse con la llama violeta, la inmensidad de la mente de Dios...

Bebed el cáliz y regocijaos. Regocijaos, pueblo de Dios. Regocijaos, os digo, y dad gracias por el regalo, ¡oh el regalo de la llama violeta!

Dad llama violeta quince minutos al día y se multiplicará por diez
OMRI-TAS, Regente del Planeta Violeta

[...] Si con toda reverencia, con armonía interna, con el conocimiento de que sois uno con vuestro Yo Crístico, que es el sacerdote o sacerdotisa del fuego sagrado; si con todo vuestro corazón y desde lo más profundo de éste, tomáis quince minutos cada día para dar invocaciones profundas y amorosas a la llama violeta en mi nombre (y, por favor, acordaos de usar mi nombre porque esta dispensación viene de mi Cuerpo Causal), entonces aceptaremos esa ofrenda, midiendo su devoción, profundidad y sinceridad, el peso mismo de su poder y luz. Por tanto, por su calidad, calidad por calidad, ¡será multiplicada en vuestra vida diez veces!...

Al dar esta llama violeta [...] podéis dar más de quince minutos, pero la dispensación sólo puede empezar cuando se haya dado al menos quince...

[Nota: Al contar los quince minutos de decretos de llama violeta, incluid sólo el tiempo en que se da la parte principal del decreto continuamente. No incluyáis los preámbulos, las oraciones personales o el cierre del decreto. Asimismo, las canciones e himnos, aunque son intervalos necesarios de devoción en vuestras sesiones de decretos, no se deben contar en los quince minutos, los cuales Omri-Tas ha definido específicamente como «invocaciones profundas y amorosas a la llama violeta». Omri-Tas usa el término «invocación» incluyendo en él no sólo invocaciones de llama violeta, sino también oraciones, decretos, mantras, salmodias, fíats, afirmaciones y llamados.]

Visualizad la acción del séptimo rayo colmado con el azul santo de la protección
EL MAESTRO ASCENDIDO JESUCRISTO,
Señor y Salvador, Instructor Mundial, Avatar de la era de Piscis

[...] Quiero daros la visualización [...] de la alquimia del cuerpo físico y una forma de pensamiento para que la visualicéis con el tubo de luz. Es el poder de la llama que ha sido denominada el morado intenso. Es la acción del séptimo rayo colmado con el azul santo. Ese fuego «morado», amados míos, se puede visualizar como un cilindro morado dentro del tubo de luz, con la llama violeta de un tono más rosado ardiendo en el centro...

Éste [cristal morado-azul en el altar] es el color que visualizamos para la transformación del elemento tierra, el cuerpo terrenal y el cuerpo físico que lleváis. Su visualización concede una gran protección.

De hecho, yo, Jesús, deseo que os veáis a vosotros mismos como pilares de fuego morado azulado moviéndose por la Tierra como un cilindro de cristal que no puede ser violado o penetrado; todo esto dentro del tubo de luz. Deseo que tengáis una conciencia física de este color, que lo recordéis con el ojo de la mente. Y, por tanto, que su luz aparezca mediante una mayor manifestación de esa cualidad interior...

El cuerpo físico se corresponde a la llama violeta. La llama violeta, con todas sus cualidades y su belleza con las gradaciones del rosa al azul, os entrega el medio para realizar vuestro servicio y pone en vuestras manos un poderoso don para la curación por medio de la transmutación...

***

La profecía os muestra lo que puede pasar si vosotros no intercedéis por el libre albedrío y la llama violeta
EL MAESTRO ASCENDIDO JESUCRISTO

[...] La gracia y la misericordia de la Ley, de todas las huestes celestiales y del Padre, ha sido un don del Espíritu Santo, el don de la llama violeta mediante el cual, por vuestra invocación intensa y diaria de esa llama violeta, se puede transmutar o saldar ese karma que desciende a nivel personal y planetario. Este proceso tiene lugar por medio del omniconsumidor fuego sagrado de Dios a través de la Persona del Espíritu Santo...

No caigáis en la trampa de la predestinación o de los pronósticos psíquicos, creyendo que todo lo que tiene que ocurrir, ocurrirá, y que no podéis hacer nada para cambiarlo. No se os ha enseñado el verdadero significado de la profecía, que es mostraros en la pantalla de la vida lo que podría pasar si vosotros no intercedéis. Amados corazones, lo que veis con el ojo de la mente puede ser cancelado por vuestra decisión y vuestro libre albedrío. No necesitáis hacer realidad ningún pensamiento, sentimiento o idea negativos.

Pero, amados, cuando veis la proyección en la pantalla del mundo de los acontecimientos venideros, que se pueden calcular fácilmente por las señales de los tiempos, esto se debe transmutar porque estáis viendo una profecía de karma que regresa y que se volverá físico a menos que sea transmutado, gracias a las decisiones y el libre albedrío de la gente que lo ha decretado, que lo ha deseado.

Por tanto, tomad la llama violeta; invocadla. Llamadme a mí y a todos los santos del cielo y a todos los poderes de los ángeles para que intercedamos, a fin de que el fuego sagrado pueda consumir el karma planetario y el Arcángel Miguel y sus legiones batallen y aten a los ángeles caídos y espíritus malignos que quisieran poseer, destruir y corromper incluso a las almas que están en el sendero de la superación...

¡La llama violeta es una llama física!

Saint Germain,
Señor del Séptimo Rayo, Jerarca de la era de Acuario

[...] ¡La llama violeta es una llama física! ¿Qué quiero decir con esto? Digo que la llama violeta es la más cercana de todos los rayos en acción vibratoria a esta sustancia terrenal, a estos elementos y compuestos químicos, a todo lo que veis en la materia. Y, por tanto, la llama violeta puede combinarse con cualquier molécula o estructura molecular, cualquier partícula de materia conocida o desconocida y cualquier onda o partícula de luz, electrones o electricidad.

Así, la llama violeta es el antídoto supremo contra el envenenamiento de comida, los desperdicios químicos, las toxinas, la contaminación de drogas en el cuerpo. La llama violeta es un elixir que se bebe y absorbe como agua, como el jugo de fruta más puro de la cosecha de la conciencia de los elementales. La llama violeta es el antídoto supremo contra los problemas físicos. ¡Dondequiera que se reúnen los chelas para dar la llama violeta, ahí se observa inmediatamente una mejoría en las condiciones físicas!...

Ya sea materia orgánica o inorgánica, hay una espiral de desintegración que opera en edificios, en la tierra, en el mar y en los cuerpos, que puede ser contrarrestada por la llama violeta...

La llama violeta hace que cambie la espiral descendente de los chakras y la energía negativa. Es por siempre el poder de la conversión, ¡y conversión significa «cambiar»! ¡La llama violeta es la alegre dicha del Espíritu Santo que hace que cambien los espíritus, las mentes, las almas y las emociones!...

Comentario de la Mensajera

La llama violeta es verdaderamente el ingrediente perdido de la curación. ¡Os dará buenos resultados, pero debéis trabajar con ella! No podéis ignorar las causas físicas de las condiciones físicas de vuestro cuerpo. Necesitáis tener cuidado en seguir las leyes básicas de la salud, la dieta y una vida sana.

Consultad al doctor y tomad los remedios necesarios para vuestro problema. La ciencia médica tiene mucho que ofrecer y los Maestros Ascendidos esperan que aprovechéis sus beneficios. Naturalmente, la medicina preventiva es la mejor; pero si es necesario tener cirugía, entonces hacedlo. La llama violeta es un auxilio para los métodos científicos correctos. No es un sustituto, sino que se debería aplicar como un ungüento espiritual junto con ellos.

El karma causante de la enfermedad puede no ser otra cosa que el haber ignorado las reglas de la química del cuerpo durante muchos años. La ley es justa e imparcial en todos los niveles del ser; así que resolved los problemas de la química con química y haced de vuestro cuerpo el mejor servidor posible para el Señor.

La llama violeta desde vuestro corazón
puede elevar almas por todo el mundo
SAINT GERMAIN

[...] Quisiera traeros en esta hora un informe de los resultados del uso de mis cintas de llama violeta, individual y conjuntamente.

Benditos, ante todo, el mayor bien ha venido al suplicante mismo. Por tanto, aquellos que aman tanto este ritual han recibido un aumento de transmutación. Y yo me he asegurado, ya que me consideráis vuestro maestro y amigo, de que esa llama violeta que habéis invocado sea dirigida a las cavidades más resistentes y recalcitrantes de vuestro subconsciente, especialmente a esas condiciones que habéis deseado intensamente hacer desaparecer.

De este modo, en algunos de vosotros se ha saldado una buena cantidad de karma, y en otros verdaderamente se ha derretido la dureza de corazón alrededor del chakra del corazón. Se ha manifestado un nuevo amor, una suavidad y compasión nuevas, una nueva sensibilidad a la vida, una nueva libertad y una nueva alegría al seguir esa libertad.

Se ha producido una mayor santidad al poneros en contacto, por medio de mi llama, con el sacerdocio del Orden de Melquisedec. Se han derretido y disuelto ciertos moméntums de ignorancia y densidad mental y se ha regresado a una dieta más conducente a vuestra propia maestría Divina.

La llama violeta ha ayudado en relaciones entre familias. Ha servido para liberar a algunos y así poder equilibrar antiguos karmas y antiguas heridas, y poner a individuos en su propio rumbo, de acuerdo con su vibración...

Es imposible enumerar de manera exhaustiva todos los beneficios de la llama violeta, pero hay verdaderamente una alquimia que tiene lugar dentro de la personalidad. La llama violeta va tras las divisiones que causan problemas psicológicos que provienen de la infancia o de encarnaciones previas y que han establecido surcos tan profundos dentro de la conciencia que, de hecho, ha sido muy difícil sacudirlos vida tras vida.

La llama violeta es una llama considerada. Es una llama

amorosa. Es una llama agradecida. Es una llama que tiene su propio moméntum de sustancia inteligente autoluminosa, conteniendo y abarcando el conocimiento mismo de la alquimia. Puede ser difícil entender cómo una llama puede tener conciencia, pero recordad que una llama es la manifestación de Dios. Una llama es la manifestación de todos los que la han servido, así como un mantra encarna el moméntum de todos los que lo han pronunciado alguna vez...

Benditos, sólo puedo decir que si pudierais ver el progreso interior que habéis hecho, no dejaríais de usar esa cinta de decretos de llama violeta tan frecuentemente como fuera posible; no necesariamente toda de una vez, pero si hacéis el esfuerzo podéis dotar esos segmentos de tiempo que tenéis durante el día con vuestro moméntum de decretos en esa llama. Y, por tanto, deberíais entender que cualquier hora del día en que invocáis una llama, o hacéis un servicio, se une al reloj astrológico y al karma incurrido en esa misma hora a lo largo de toda la historia...

En los retiros etéricos donde estudiáis [...] se os enseña el hilo de filigrana de luz que se emite desde un chakra del corazón lleno del amor de la misericordia. Y algunos de vosotros habéis visto un número de hilos tan grande que no ha sido posible contarlos; y estos hilos de llama violeta, casi como un velo de gasa, han ido directamente a los corazones de corrientes de vida por todo el planeta.

Y habéis observado estos hilos, casi tan finos como cabellos, convertirse en vehículos, como las venas del cuerpo, llevando un flujo continuo de llama violeta que ha permitido a individuos de todo el mundo elevarse, hacer cosas que no habían podido hacer en muchas vidas, tener esperanza y curación, y un deseo nuevo de encontrar a Dios, de ser libres y defender la causa de la libertad...

Entended, pues, que al dar servicio de esta manera con la llama violeta y al ser diligentes para no desperdiciar los momentos del reloj, podéis, en quince minutos al día, tenerme con vosotros; y en mi Presencia con vosotros, podéis entregar un moméntum de llama violeta a muchas almas del planeta...

El contorno de una cruz de Malta
dondequiera que dos o tres se reúnan
en el nombre de Saint Germain

SAINT GERMAIN

[...] Recordad la hora en que vine a anunciar la formación de la cruz de Malta por 144.000 sacerdotes de la Orden de Melquisedec con un gran propósito, amados: verdaderamente para una restauración, para saldar karma y para tratar con antiguos registros en este lugar que no son de la Luz...

Os dije en esa fecha que esto era para evitar el cataclismo, y os digo ahora también que puede evitar una guerra nuclear. Puedo deciros que debe invocarse la llama violeta...

Ahora, amados, no puedo aumentar pero puedo daros una última dispensación concerniente a esto. Y es que dondequiera que dos o tres se reúnan en mi nombre, en cualquier ciudad u hogar en este planeta, ahí se formará —y mis ángeles de Luz están formando ahora— el contorno de una cruz de Malta. Es sólo un contorno, amados. Es un contorno que puede ser ocupado por otros sacerdotes de la Orden de Melquisedec y por ángeles de la llama violeta de la Orden de Zadquiel.

Es un contorno por medio del cual, si invocáis diariamente la llama violeta —sin faltar un día, amados—, si dais vuestras invocaciones, si usáis las cintas que la Mensajera os ha facilitado, uniendo de este modo vuestras voces con las muchas que se han reunido en el Retiro Interno, atrayendo así ese Retiro Interno a vuestros hogares, sabréis que uno por uno los sacerdotes del fuego sagrado del séptimo rayo vendrán a llenar el contorno de la cruz de Malta. Y si no hay invocaciones de llama violeta, entonces este contorno se desintegrará...

No os quedéis en el banquillo y tratéis a esta década como un deporte para espectadores, amados. A menos que toméis parte no sólo en este juego de la vida, sino también en este Armagedón de las fuerzas de Luz y Oscuridad, no habrá victoria en esta era... ¡Dejad que la llama violeta vaya adelante! ¡Dejad que se oiga su sonido!...

Sabed, pues, que la palabra hablada física es el llamado que se debe escuchar y que debe tener un sonido verdadero en cada ciclo de veinticuatro horas. Os imploro que me hagáis caso en esta hora cuando se debe ganar la victoria y no me digáis: «¿Por qué no te escuchamos, Saint Germain? ¿Por qué no escuchamos?»

Es imperativo, como nada que hayáis oído jamás, que os dediquéis, aunque sea durante una hora o varias horas al día, a la acción de la llama violeta. Debo tener copas de luz concentrada que pueda llevar a los Señores del Karma para que pueda renovar y continuar las dispensaciones para vosotros...

Os recuerdo que cierto karma de la antigua Lemuria está sobre la mayoría de los estudiantes que se denominan la vanguardia de la nueva era, que siguen un sendero más elevado y separado de las tradiciones ortodoxas de las principales religiones del mundo.

Sí, amados, debido a que habéis formado parte del karma negativo de Lemuria, todos, dondequiera que viváis en la Tierra, podéis contribuir al éxito de esta cruz de Malta de llama violeta de los 144.000 sacerdotes de la Orden de Melquisedec en este área [Portland, Oregón]...

Os presento a Omri-Tas, Regente del Planeta Violeta, cuyas evoluciones han servido a la llama violeta durante eones. Imaginaos ese mundo, amados, donde los trabajos y las tareas caseras de la vida son realizados por ángeles y elementales de llama violeta. Y, por tanto, todos siguen el sendero de convertirse en alquimistas del Espíritu y no saben qué es el trabajo pesado, sino que pueden concentrarse en el sendero de los adeptos y en llevar paz a otros hogares planetarios...

Un mar de luz de llama violeta
«Una dispensación sin precedente»
Omri-Tas, Regente del Planeta Violeta

[...] Amados, me dirijo a vosotros esta noche para recordaros un período en nuestro hogar planetario en el que nos acercábamos a la crisis a la que os estáis acercando vosotros. Fue en esa hora (cuando incluso algunos de vosotros formabais parte de nuestras evoluciones) en la que los entonces portadores de Luz de nuestro sistema respondieron a nuestro llamado.

Las circunstancias eran similares a las que tenéis ahora en la Tierra, con ángeles caídos entre la gente y engañándola, usando sus tácticas de «divide y vencerás», oscureciendo los problemas, embaucando a los elegidos de Dios. La entonces representante de la Madre Divina, que estaba entre nuestra gente, celebró una reunión. Y ella apeló a sus corazones, y el mensaje fue transmitido por todo ese planeta hasta que todos los servidores de Dios fueron atraídos por el poder de su corazón y del Imán del Gran Sol Central. Fueron acelerados, casi como si repentinamente estuvieran en otra dimensión, ¡y se dieron cuenta de la urgencia del momento!

Amados, ellos respondieron ante mayores peligros que a los que vosotros os enfrentáis hoy. Hicieron cambiar la marea con la llama violeta. Escucharon el llamado de dar sus invocaciones en los altares por todo ese planeta...

Benditos, entramos entonces en una era dorada gracias a los pocos que respondieron, y hoy ese planeta es sostenido en esa era dorada porque el pueblo no ha perdido la memoria de lo que fue casi un holocausto planetario...

Quiero recordaros que en las batallas de la historia de la Tierra, los pocos han representado a los muchos, se han reunido y han ganado la victoria para aquellos que aún dormían. Y cuando éstos despertaron se encontraron en un mundo seguro y tranquilo...

Deposito en el corazón de la Tierra una dispensación inmensa de llama violeta concentrada. Es una intercesión de la cualidad de la misericordia. Es una intercesión dada a aquellos que sirven a la Luz. Y se os dará como un ungüento, como un elixir, por medio de vuestro Santo Yo Crístico.

Bebed de ella en vuestras horas de necesidad y en vuestras horas de fuerza, y conservadla llena con nuevos llamados a la llama violeta. Es una reserva gigante de llama violeta, como un pulsante mar de luz...

Yo, Omri-Tas, continúo multiplicando el poder de vuestros decretos. ¡Veamos qué gran victoria pueden obtener los portadores de Luz estacionados en el planeta Tierra!...

Visualizaciones para los decretos de llama violeta
LA MENSAJERA ELIZABETH CLARE PROPHET

[...] Entregaos totalmente a vuestros decretos. Pues ellos os devuelven vuestra luz, energía y conciencia multiplicadas muchas veces por la Palabra.

Visualizaos rodeados por la llama violeta tal como se ve representado en la figura inferior de la Gráfica de Tu Ser Divino (véase página 10). Ved cómo la pintura cobra vida cual si estuvierais viendo una película animada de Disney. Ved la llama violeta elevándose, pulsando en interminables tonos y gradaciones de morado-rosa con matices violeta y azul eléctrico.

Poco a poco, mientras decretamos, la llama violeta, elevándose desde por debajo de nuestros pies en respuesta a nuestro llamado, empieza a rotar. Mientras se construye el moméntum del decreto, la pulsación se intensifica y la llama empieza a girar.

Veos envueltos en la llama violeta. Ved la llama violeta pasando a través de vuestro cuerpo físico, acariciando el cuerpo interior y exteriormente, curando los órganos, transmutando las causas de enfermedades dentro de estos órganos, invirtiendo las espirales negativas de degeneración y restaurando las espirales positivas de regeneración.

Es bueno tener cerca un libro de anatomía para poder visualizar la llama violeta rodeando y penetrando cada órgano de vuestro cuerpo. Esto es especialmente beneficioso cuando estáis rezando por vosotros mismos o por otros en el caso de accidentes, cirugía y enfermedades incurables. Haced un llamado específico a Dios para que concentre la llama violeta en el área afectada y entonces sostened una fuerte visualización de la llama violeta penetrando allí.

La llama violeta cura los cuatro cuerpos inferiores. Por tanto, vedla manifestándose en el cerebro y también en las facultades de la memoria, la reflexión y la inteligencia. Vedla saturando las emociones, los sentimientos, el cuerpo de deseos. Vedla expulsando la memoria etérica, curando cicatrices de viejas heridas y dolorosos registros que pasan y pasan por la mente y las emociones hasta que son transmutados...

Visualizad ahora el globo terráqueo con la llama violeta

rodeándolo del mismo modo que visualizasteis la llama violeta pulsando a través de vuestros cuatro cuerpos inferiores.

Fijad vuestra atención en los continentes, las naciones, las capitales, las ciudades, las grandes cordilleras, los mares. Ved la llama violeta pulsando desde abajo, empezando con el Polo Sur, luego cubriendo, envolviendo la Tierra y alcanzando el Polo Norte. Ahora vedla penetrar cada vez más profundamente en los estratos de la Tierra.

Visualizad un sol ardiente de llama violeta en el centro de la Tierra, sus llamas saltando en todas direcciones para saturar los planos internos de la Tierra. Luego ved la llama externa encontrándose con el sol interno, convirtiendo todo el planeta en una esfera de llama violeta ante vuestros propios ojos.

Al invocar la llama violeta y sostenerla donde estáis, donde Dios es el YO SOY EL QUE YO SOY, os hacéis un contrapunto de la acción de la llama violeta que habéis invocado para el planeta Tierra.

Visualizad una figura ocho, vosotros en un punto y la Tierra en el otro. Ved la llama violeta trazando una figura ocho, transmutando mientras pasa por y alrededor de vosotros y del planeta con la velocidad de la luz.

Visualizad a nuestro Señor Jesucristo como el Salvador del Mundo, en el nexo de la figura ocho, mientras la transmutación mundial tiene lugar a través de su Sagrado Corazón. Sostened esta visualización mientras dais el «Fíat para la Sagrada Luz de la Libertad» (véase página 144) para vuestra libertad y la del planeta Tierra, y para vuestra propia curación y la del planeta Tierra...

Al dar el «Fíat para la Sagrada Luz de la Libertad», permitid que la Gran Hermandad Blanca y vuestra Poderosa Presencia YO SOY pongan ante vuestro tercer ojo visiones perpetuas de imágenes que están registradas en vuestro cuerpo de la memoria. Esto incluiría todas las pinturas, películas y fotografías que habéis visto y escenas de todos los lugares donde habéis estado. Visualizaos estando en esos lugares con vuestras manos extendidas, emanando la luz cósmica y la llama violeta a través de vuestras manos y vuestros chakras...

Mi visualización con el decreto «YO SOY la Llama Violeta» (véase página 128) es ver un mar de luz de llama violeta envolviendo todo el planeta. Me gusta cantar este decreto con la melodía de «Santa Lucía» porque evoca la acción del mar...

Debido a que decretáis y visualizáis seriamente, deberíais tener información directa, correcta y de última hora. Por tanto, es importante ver las noticias antes de vuestra sesión nocturna de decretos para que tengáis una idea exacta de lo que está sucediendo.

Imagen a imagen, esto entra en la mente y el subconsciente. No tenéis que recordar todos los detalles, pero tendréis una lectura reciente del aura del planeta en el lugar donde se enfoque la cámara. Y eso es exactamente lo que necesitáis para poder decretar eficazmente para curar las condiciones que forman los titulares...

Cada vez que decís: «YO SOY la Llama Violeta», deberíais practicar desarrollando la velocidad de la mente para visualizar. Ved el rayo de luz descendiendo por el corredor cósmico que es vuestro cordón cristalino desde el Gran Sol Central, brillando por todo vuestro cuerpo a través de los siete chakras, enfocándose ahora, por ejemplo, en todos los niños del mundo.

Podéis visualizarlos ante vosotros, empezando con los niños de vuestro propio vecindario y luego llegando a los niños pobres de América y del mundo. Usando vuestro globo terráqueo como punto de referencia, podéis enfocaros en cada nación y continente, dirigiendo sistemáticamente la luz a las necesidades específicas de esos niños...

El decreto «Más Fuego Violeta» (véase página 146) es conocido por su ritmo y la acción en espiral de la llama violeta que sigue el ritmo...

Cuando recitáis «torna en realidad toda bendición que invoco sobre el Santo Ser Crístico de todos sin excepción», ved con el ojo de la mente una enorme multitud de gente. Primero, ved la figura de Jesucristo y del Santo Yo Crístico descendiendo sobre una persona. Conservad esa visualización tenazmente. Enfocad las lentes de vuestro ojo interno en ella; cuando la tengáis bien clara, ¡multiplicadla y vedla repitiéndose un millón de veces!

Visualizad las gradas del Yankee Stadium lleno de espectadores para las Series Mundiales. Ved, como un manto de luz, la presencia de Jesucristo y del Santo Yo Crístico sobre cada una de las personas que están en el estadio. Podéis añadir a vuestra imagen mental tantas formas de pensamiento como podáis concebir. Podéis visualizar el tubo de luz, con la llama violeta en el centro,alrededor de vosotros y de cada persona en el estadio. Podéis visualizar a la Presencia YO SOY encima de la multitud. Podéis ver las bendiciones fluyendo de vuestros siete chakras, de vuestras manos.

Cuando aprendáis las palabras del decreto y las memoricéis, podéis cerrar los ojos y ver con todo el poder de visión que Dios os ha dado en el tercer ojo, cualquier bendición que queráis que los decretos de la llama violeta otorguen...

Crea un espacio sagrado y establece una conexión espiritual cada mañana

por Elizabeth Clare Prophet

Tenemos acceso a vastas reservas espirituales que pueden guiarnos diariamente de manera práctica, pero tenemos que dedicar tiempo a conectar con estos manantiales de sabiduría.

Muchas personas descubren que crear un espacio sagrado les ayuda a establecer esta conexión. Puedes hacerlo fácil y simplemente construyendo tu altar personal en tu propia casa, aunque sea en la esquina de tu habitación.

Puedes adornar ese rincón con cualquier cosa que te inspire y que te ayude a conectar con Dios y con tu Yo Superior. Sobre el altar puedes poner velas, flores o plantas. Puedes añadir imágenes o estatuas de santos o maestros, así como fotografías de aquellas personas por las que rezas regularmente. Hermosos cristales y un cuenco o copa de cristal pueden servir de cálices para centrar la luz de Dios en tu hogar. Por encima de tu altar, o directamente sobre él, puedes poner el cuadro de tu Yo Divino para ayudarte a sintonizar con la presencia del Dios interno.

Tu altar es el lugar al que vas para «alterarte» o transformarte. Cuando me tomo tiempo por la mañana para conectar con Dios mediante una plegaria sincera, descubro que mi día se transforma. Transcurre con mucha más suavidad. No me dejo atrapar por distracciones innecesarias y emergencias que me alejan de mis objetivos.

En realidad la oración es una conversación. No sólo nos

abrimos a Dios; Dios también se abre a nosotros ofreciéndonos guía, confort, dirección y ayuda. Establecer la conexión espiritual mediante la oración es lo que Teresa de Ávila denominó «Un compartir íntimo entre amigos». Los amigos pueden volcar mutuamente sus corazones sin contenerse, compartiendo alegrías y penas. Nosotros podemos hacer lo mismo con Dios en la oración. Teresa también nos aconseja que «tal como los vínculos familiares y la amistad se pierden por falta de comunicación», si no rezamos podemos perder nuestra relación con Dios.

Tu conversación matinal con Dios no exige necesariamente mucho tiempo. Puedes sentarte o ponerte de pie delante del altar, cerrar los ojos, tomar algunas respiraciones profundas y entrar en el espacio sagrado dentro de tu corazón: la cámara secreta donde habita tu chispa divina.

En tus oraciones, nombra las situaciones exactas de tu vida, de la comunidad y del mundo de las que quieres que se encarguen los ángeles, como el delito, la corrupción, la pobreza, el abuso infantil, los problemas económicos o la contaminación. Cuanto más específicas sean tus oraciones, más específicos serán los resultados.

Cuando reces por ti mismo o por alguna persona necesitada, también puedes maximizar tu oración incluyendo a todos aquellos que tienen una necesidad parecida. Por ejemplo, cuando reces por un amigo que ha contraído el sida, también puedes orar por «todos aquellos que están sufriendo de sida o cualquier otra enfermedad que amenaza su vida».

Cualesquiera que sean las oraciones y meditaciones que hagas durante tu ritual matinal, es conveniente empezar pidiendo protección espiritual para ti mismo y tus seres queridos. Recomiendo dos oraciones simples para obtener protección: el «Tubo de Luz» y «Protección durante los viajes».

Cuando recites la afirmación «Tubo de Luz», en respuesta a tu llamada descenderá un cilindro de luz blanca procedente del Espíritu. La luz blanca puede ayudarte a mantenerte centrado y en paz. Te protege de energías negativas que podrían estar dirigidas hacia ti a través de la ira, la condenación, el odio o los celos de alguna otra persona. Cuando no estás protegido, estas energías agresivas pueden hacer que te sientas irritado o deprimido. Incluso pueden causar accidentes.

La luz blanca también puede protegerte de la influencia de la conciencia de la masa. Cuando nos sentimos agotados después de visitar el centro de la ciudad, o de ir de compras en un centro comercial, a menudo es porque nuestras reservas físicas y espirituales están, literalmente, a cero.

Lo mejor es recitar la afirmación «Tubo de Luz» cada mañana antes de que comience el ajetreo cotidiano. Si a lo largo del día te sientes sin energía, agotado o vulnerable, retírate durante unos minutos y repite esta oración.

Para potenciar este ritual matinal de protección puedes recitar la «Protección durante los viajes» u otras oraciones al Arcángel Miguel. Él es el más reverenciado de los ángeles en varias de las tradiciones religiosas del mundo, entre las que podemos incluir el judaísmo, el cristianismo y el islam. En uno de los pergaminos del mar Rojo, Miguel es el «poderoso ángel protector» a través del cual Dios promete «enviar ayuda perpetua» a los hijos de la luz.

Conforme experimentes con las técnicas que se facilitan en las páginas siguientes, recuerda que la visualización puede potenciar los beneficios de tus oraciones. Esto se debe a que «conectas con», y cargas de energía, cualquier cosa a la que dirijas tu atención. La imagen que mantenemos en el ojo de nuestra mente es como una impronta, y nuestra atención es el imán que atrae las energías creativas del Espíritu para rellenarla. «Somos lo que pensamos —enseñó el Buda Gautama—, habiéndonos convertido en aquello que pensamos anteriormente».

Por tanto, cuando reces, visualiza el resultado exacto al que diriges tu oración como si ya estuviera ocurriendo en el presente. Míralo como si estuviera ocurriendo en una pantalla de cine que estuviera delante de ti. Si no tienes en mente un resultado específico, concéntrate en las palabras de la oración y observa que la acción que describen está teniendo lugar delante de ti.

Ejercicios espirituales

Empieza cada día estableciendo una luz protectora a tu alrededor, y alrededor de tus seres queridos, repitiendo tres veces la afirmación «Tubo de Luz».

Visualización

A medida que recitas esta afirmación, obsérvate tal como estás retratado en el cuadro de tu Yo Divino (véase página 10). Tu Yo Superior está por encima de ti. Y por encima de tu Yo Superior está la Presencia YO SOY, la presencia de Dios dentro de ti.

Ve y siente una cascada de resplandeciente luz blanca, más brillante que la luz del sol sobre la nieve recién caída, descendiendo desde tu Presencia YO SOY para envolverte. Observa cómo forma una pared de luz impenetrable.

Dentro de esta chispeante aura de luz, obsérvate rodeado por la llama violeta del Espíritu Santo, una poderosa energía espiritual de alta frecuencia que transforma la negatividad (la tuya o la de otros) en energía positiva y amorosa. Durante el día, refuerza de vez en cuando tu protección espiritual repitiendo la oración y visualizándote envuelto por el tubo de luz.

Tubo de Luz

Amada y brillante Presencia YO SOY,
Sella a mi alrededor tu tubo de luz
De la llama del Maestro Ascendido
Invocada ahora en el nombre de Dios.
Que ella mantenga mi templo libre
De toda discordia que se me envíe.

YO SOY invocando el fuego violeta
Para quemar y transmutar todo deseo,
Guardándome en nombre de la libertad
Hasta que YO SOY uno con la llama violeta.

Fortifícate llamando al Arcángel Miguel para obtener fuerza y protección espiritual. Reza la oración «Protección durante los viajes» tres veces o todas las que desees. Si no tienes tiempo de decir esta oración por la mañana (bien ante tu altar o mientras te estás preparando para el día), puedes recitarla en voz alta mientras conduces hacia el trabajo, repetirla mentalmente mientras caminas hacia tu destino o pronunciarla en silencio mientras vas en el autobús o tren.

Visualización:

Visualiza al Arcángel Miguel como un ángel majestuoso que lleva puesta una brillante armadura y una capa de color azul zafiro brillante (el color de la protección). Mírale extender su magnífica presencia a tu alrededor, y alrededor de tu familia, de tus amigos y de todos aquellos por los que estás rezando.

Protección para los viajes

Señor* Miguel delante, Señor Miguel detrás,
Señor Miguel a la derecha, Señor Miguel a la izquierda,
Señor Miguel arriba, Señor Miguel abajo,
Señor Miguel, Señor Miguel dondequiera que voy.

¡YO SOY su amor protegiéndome aquí!
¡YO SOY su amor protegiéndome aquí!
¡YO SOY su amor protegiéndome aquí!

---

*Señor se usa en esta oración como término honorífico, que denota que el Arcángel Miguel lleva consigo el poder y la presencia de Dios.

Esta cita está tomada de *The Art of Practical Spirituality: How to Bring More Passion, Creativity and Balance into Everyday Life,* de Elizabeth Clare Prophet, con Patricia R. Spadaro (Summit University Press, 2000).

Notas

«¡Aclamad a Dios con Alegría!»

1. La Gran Hermandad Blanca es una fraternidad espiritual de Maestros Ascendidos, arcángeles y otros seres espirituales avanzados. El término «blanca» no hace referencia a la raza, sino al aura de luz blanca que rodea a estos inmortales. La Gran Hermandad Blanca trabaja con buscadores serios de toda raza, religión y opción vital para ayudar a la humanidad. La Hermandad también incluye ciertos discípulos de los Maestros Ascendidos.
2. Actos 1:9. Los Maestros Ascendidos han revelado en los últimos años que Jesús no ascendió tras la conclusión de su ministerio en Palestina. Después de su crucifixión y resurrección, viajó a Cachemira, y ascendió a la edad de ochenta y un años desde el retiro etérico de Shamballa. El mensajero ha explicado que Jesús se retiró de Palestina en la ceremonia de la colina de Betania. Se fue de Palestina en secreto para «ya no estar allí, ya no ser buscado, mirado... Él había completado su misión en Palestina». Véase Jesus Christ, 27 de junio de 1993, «The Path of the Builders», 1993, *PoW*, vol. 36, núm. 36, páginas 522-23.
3. Éxodo 3:14.
4. Juan 16:33.
5. Juan 14:12.
6. Juan 20:17.
7. Mateo 5:48.
8. Isaías 30:20.
9. Mateo 3:11.
10. Jeremías 31:33, 34.

Capítulo 1 • El mantra de Saint Germain para la era de Acuario

1. Abraham Lincoln: «Address at Gettysburg» («Discurso en Gettysburg»), 19 de noviembre de 1863.

2. Micah, el Ángel de Unidad, también trae el mensaje «Recordad que sois hermanos». Elizabeth Clare Prophet explica que Micah, hijo del Arcángel Miguel, fue el ángel que apareció en la visión de George Washington y con esta declaración congregó a la gente para que se uniera. Véase Elizabeth Clare Prophet, *The Great White Brotherhood in the Culture, History and Religion of America* (Corwin Springs, Mont.: Summit University Press, 1987), páginas 118-23. Véase también «Washington's Vision of America's Trials», en *Saint Germain On Alchemy* (Corwin Springs, Mont.: Summit University Press, 1993), pp. 142-51.

3. La llama de la Madre es la luz blanca del chakra base o raíz de la columna, el fuego kundalini que asciende a fin de acelerar los centros de la conciencia de Dios en el hombre.

4. La Diosa de la Libertad es la Maestra Ascendida que sostiene la conciencia cósmica de la libertad para la Tierra.

5. William Shakespeare, *El Mercader de Venecia*, 4.o acto, 1.a escena, línea 184.

6. Afra es el Maestro Ascendido de África que ayuda a los habitantes de ese continente a encontrar la libertad espiritual e individual por medio de la automaestría en la llama Divina. Véase *Afra: Brother of Light: Spiritual Teachings from an Ascended Master* (Corwin Springs, Mont.: The Summit Lighthouse Library, 2003).

Capítulo 2 • La Gráfica de tu Yo Divino
1. Mateo 3:17.

Capítulo 3 • La superación del miedo mediante decretos
1. I Juan 4:18.
2. Éxodo 26:31-33.
3. Mateo 27:51.
4. Romanos 7:19.
5. Proverbios 4:7.
6. Lucas 12:32.
7. Mateo 4:9.
8. Lucas 4:8.
9. Juan 10:10.
10. Edwin Markham, «Outwitted».
11. Mateo 5:14.
12. Lucas 10:37.

13. Génesis 1:26.
14. Salmos 82:6; Juan 10:34.
15. Romanos 11:33.
16. Mateo 19:16, 17.
17. Job 3:25.
18. Mateo 18:3.
19. Romanos 1:16.
20. Isaías 1:18.
21. Juan 19:23.
22. Hebreos 12:23.
23. Mateo 6:7.
24. Mateo 5:18.
25. Juan 1:14.
26. Éxodo 3:14.
27. Juan 1:1-3.
28. Lucas 10:27.
29. Mateo 12:46-50.
30. Génesis 4:9.
31. Mateo 25:40.
32. Josué 6.
33. Mateo 6:20.
34. Juan 20:29.
35. Éxodo 20:2.

Capítulo 4 • Decretos de Corazón, Cabeza y Mano

1. Job 22:28.

Capítulo 5 • El poder de la Palabra hablada

1. Mateo 12:36, 37.
2. Véase *Saint Germain sobre alquimia: Fórmulas para la autotransformación*, un curso completo sobre la ciencia de la precipitación (Corwin Springs, Mont.: Summit University Press, 1993).
3. Job 22:28.
4. Génesis 1:3.
5. Véase Jesús y Kuthumi, *Prayer and Meditation* (Corwin Springs, Mont.: Summit University Press, 1978).
6. Josué 6:10-20; Hebreos 11:30.
7. El movimiento de los derechos civiles de comienzos de la década de 1960 buscaba la integración racial entre los americanos blancos y negros, e igual acceso legal a la educación, el empleo, la

vivienda y el voto. La esperanza del movimiento Pro Derechos Civiles era ver a Estados Unidos practicar su credo de que todos los hombres son creados iguales.

El movimiento del poder negro surgió de la preocupación y de la frustración, por parte de ciertas facciones dentro de la comunidad negra, de que el acceso a la educación y al empleo, así como el final de la segregación, estaban llegando muy lentamente, si es que lo hacían en absoluto. Entonces, algunas de estas facciones trataron de adoptar medios más radicales, y a veces violentos, para lograr sus objetivos.

8. Malaquías 3:10.
9. Job 37:2-5.
10. Juan 1:1-3; Hebreos 11:3.

Capítulo 6 • Cómo decretar eficazmente

1. Juan 5:17, 19, 21, 23, 26, 30.
2. Romanos 8:17.
3. Juan 5:18.
4. Génesis 1:26.
5. Juan 1:1-3.
6. Para mayor información, véase Mark Prophet y Elizabeth Clare Prophet, «The Flame within the Heart», en *Climb the Highest Mountain: The Path of the Higher Self,* 2.ª ed. (Corwin Springs, Mont.: Summit University Press, 1986), págs. 285-315.
7. Véase la Gráfica de tu Yo Divino, página 10.
8. I Corintios 3:16.
9. Juan 11:41-43.
10. Marcos 1:22.
11. Génesis 1:3.
12. Juan 5:35.
13. Lucas 3:16, 17.
14. Mateo 22:11, 12.

Capítulo 8 • Comentarios sobre los rayos de color

Nota: Kuthumi ayudó a El Morya a fundar la Sociedad Teosófica en el año 1875 y ascendió a fines del siglo xix. Una de sus encarnaciones en Occidente fue la de San Francisco de Asís; asimismo, fue uno de los reyes magos que estuvieron presentes en el nacimiento de Jesús. En Oriente encarnó como el emperador Sha Jahan de la India, responsable de la construcción del Taj Mahal.

1. Génesis 37:3.
2. Juan 19:23.
3. Aquellos que desean consagrar sus vidas a una comunión ininterrumpida querrán tal vez amplificar la luz en sus mundos y su servicio a la humanidad vistiendo el «color del día» y haciendo invocaciones especiales a ese determinado rayo. El orden en que a diario se emiten los rayos del corazón del sol no debe confundirse con los números de los rayos (uno a siete), ni con el orden de los rayos, representado en el Cuerpo Causal del hombre.

Capítulo 9 • Ejercicio para fortalecer el aura

Nota: Para mayor explicación acerca del fortalecimiento del aura, véase *El aura humana*, de Kuthumi y Djwal Kul (Corwin Springs, Mont.: publicados por Summit University Press, 1996), págs. 33-38.
1. Marcos 10:14, 15.

Capítulo 10 • Dios, el decretador original

1. Véase «Decree», en el *Oxford English Dictionary,* 1969; reimpresión de la edi. de diciembre, 1894.
2. Juan 1:3.
3. Génesis 1:26.
4. Génesis 1:28.
5. I Juan 2:18.
6. Juan 8:44.
7. Véase «Decree», en el *Oxford English Dictionary,* 1969; reimpresión de la ed. de diciembre, 1894.
8. Tomás Moro, «A Dialogue of Comfort», en *The Complete Works of St. Thomas More,* ed. Louis L. Martz y Frank Manley (New Haven, Conn.: Yale Univ. Press, 1976), páginas 12:155.
9. Isaías 14:12.
10. Isaías 14:15.
11. Isaías 14:27.
12. Apocalipsis 12:11.
13. Mateo 24:22.

Capítulo 11 • El poder del diez mil por diez mil

1. Véase Señor Maitreya, 1984, *Pearls of Wisdom,* vol. 27, núm. 7, página 63.
2. En una edición anterior de este libro, cien millones de personas

equivalían a casi la midad de la población de Estados unidos.
3. Lucas 22:42.
4. Mateo 18:19, 20.
5. Juan 14:2, 3, 12.

Capítulo 12 • ¡Mandadme!

1. La palabra gird («ceñir») significa proteger, rodear, fijar, cubrir con una armadura protectora o prepararse para la acción.
2. Isaías 45:5.
3. Isaías 45:11. En la versión del rey Jacobo, Isaías 45:11, está traducido como un imperativo (una orden). Traducciones más recientes del Antiguo Testamento lo han traducido para que se lea como una pregunta: ¿Me preguntarás acerca de mis hijos o me ordenarás del trabajo de mis manos? (versión estándar revisada). Esto implica que Dios está desafiando a aquellos que se atreven a cuestionar sus acciones.

El original hebreo de Isaías 45:11 es poco claro; por tanto, los traductores no pueden tener la certeza de si Isaías 45:11 fue escrito originalmente como una orden o una pregunta. Aunque los eruditos más modernos aceptan que cualquier traducción es posible, lo han traducido en la forma de una pregunta porque creen que se adapta mejor al contexto de los versículos previos y posteriores.

Eruditos antiguos y algunos modernos no están de acuerdo con esta perspectiva. Por ejemplo, Edward Young, comentando Isaías 45:11 en The New International Commentary on the Old Testament (El nuevo comentario internacional sobre el Antiguo Testamento), dice: «Con este versículo comienza el Señor Su respuesta. El lenguaje es apropiadamente imponente y majestuoso. Se recuerda a la nación que el Orador es el Santo en Israel y también el Hacedor de Israel [el Creador], y por tanto no están en posición de quejarse acerca de lo que Él hace. Dios no desea mantener a Israel en la oscuridad con respecto a las cosas por venir, pero ordena a la nación que le pregunte referente a estas cosas, pues sólo Él puede dar información sobre ellos. No solamente concede a Israel el permiso de preguntar, sino que le ordena hacerlo.

El ampliamente respetado comentarista bíblico del siglo xviii Matthew Henry, dice de Isaías 45:11: «Al pueblo de Dios en cautividad, que se reconcilió con la voluntad de Dios en su aflicción y se contentó con esperar su momento de la liberación, se le asegura aquí que no esperará en vano. »Se le invita a que pregunte con respecto a sus problemas. El Santo de Israel y su Formador, aunque no les permite luchar con él, les anima (1) a consultar su palabra: "Pregúntame de las cosas por venir; han reunido a los profetas y sus profecías y ved lo que ellos dicen sobre estas cosas. Preguntad a los centinelas ¿qué pasa con la noche? Preguntadles ¿por cuánto tiempo?". Las cosas por venir mientras son reveladas nos pertenecen a nosotros y a nuestros hijos, y no debemos ser extraños a ellas. (2) Buscarle por medio de la oración: "Referente a mis hijos y al trabajo de mis manos, que se somete a la voluntad de su Padre, la voluntad de su alfarero, mandadme, no como prescripción, sino como petición. Sed en vuestras peticiones y confiados en vuestras expectativas, siempre y cuando estéis basados y guiados por la promesa". No debemos luchar con nuestro Hacedor con quejas apasionadas, sino que debemos luchar con él por medio de la oración fiel y ferviente [...]. Ved el poder de la oración y su predominio con Dios: Tú llorarás y él dirá: Aquí estoy [Isaías 58:9]; ¿qué deseas que haga por ti?».

Algunas personas han intentado desacreditar la ciencia de la Palabra hablada discutiendo la traducción de Isaías 45:11 como un mandato. Como el original hebreo es oscuro, no hay forma de verificar la intención original del autor. Creemos que los traductores modernos se inclinan por la forma interrogativa porque no tienen el entendimiento de que Dios nos ha dado la autoridad para dar órdenes a su luz, a su energía y a su conciencia para que tomen forma.

4. Génesis 1:26.
5. Hechos 7:49.
6. Mateo 6:10.
7. Mateo 7:7, 8.
8. Malaquías 3:10.
9. I Juan 2:1.
10. Santiago 1:17.
11. Génesis 4:3-5; 22:1-14; Éxodo 12:3-14.
12. I Samuel 15:22.
13. Dado que el sacrificio de la sangre de Jesús ocupa un lugar central en la fe de muchos cristianos devotos, presentaremos un análisis más completo de esta doctrina, a la luz de las enseñanzas de los

Maestros Ascendidos, en el capítulo 15 del libro Climb the Highest Mountain (Escala la montaña más alta).

14. Juan 6:53.

15. La sustancia mal cualificada (o «karma» negativo) acumulada en todas las encarnaciones forma una espiral negativa alrededor de los cuatro cuerpos inferiores del hombre en forma de un timbal, que se extiende desde la cintura hasta más abajo de los pies. Cada día, según la ley de los ciclos, una determinada cantidad de esta energía regresa al hombre para ser transmutada.

16. I Corintios 11:24.

17. Salmos 19:14.

Capítulo 14 • La dispensación de la llama violeta

1. Las letras empleadas para formar las palabras «I AM race» (raza YO SOY) provienen de A-m-e-r-i-c-a.

2. Entre las reencarnaciones de Saint Germain figura la de San José, el protector de María y de Jesús, y la del profeta Samuel, llamado cariñosamente Tío Sam porque él entraña el espíritu de libertad para el pueblo americano.

3. I Corintios 6:20.

4. Mateo 5:18.

5. Hechos 2:3.

6. Véase El discípulo y el sendero, de El Morya.

7. Véase Saint Germain: De Alquimia.

Capítulo 16 • La llama violeta

1. Shakespeare, El mercader de Venecia, 4.o acto, 1.a escena, líneas 183-186.

2. Kuthumi, El aura humana.

Capítulo 18 • Visualizaciones para la ciencia de la palabra hablada

1. Jeremías 31:33; Hebreos 10:16.

2. I Corintios 3:6.

3. Lucas 19:40.

4. Mateo 5:48.

5. Hebreos 11:1.

6. Mateo 3:11.

7. Malaquías 3:2, 3.

8. Jeremías 31:34.

9. Lucas 21:26.
10. Mateo 1:23.
11. Mateo 6:22.
12. Salmos 139:14
13. Apocalipsis 22:1.
14. Salmos 100:1.
15. Salmos 100:3.
16. Éxodo 14:13; Salmos 47:1.

The Summit Lighthouse®
63 Summit Way
Gardiner, Montana 59030 USA

1-800-245-5445 / 406-848-9500

Se habla español.

TSLinfo@TSL.org
SummitLighthouse.org

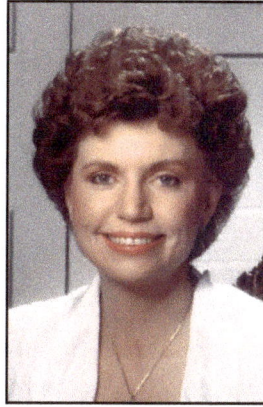

Mark L. Prophet (1918-1973) y Elizabeth Clare Prophet (1939-2009), fueron pioneros visionarios de la modernidad espiritual y autores de renombre internacional.

Sus libros están publicados en más de 30 idiomas y millones de copias se han vendido en línea y en librerías en todo el mundo. Juntos, construyeron una organización espiritual mundial, eso está ayudando a miles a encontrar la salida de problemas humanos y reconectarse a su divinidad interior.

Caminaron por el camino del adepto espiritual, avanzando a través de las iniciaciones universales comunes a los místicos tanto de el este como el oeste. Ellos enseñaron sobre este camino y describieron sus propias experiencias en beneficio de todos los que desean hacer un progreso espiritual.

Mark y Elizabeth dejaron una extensa biblioteca de espirituales enseñanzas de los maestros ascendidos y una próspera comunidad mundial de personas que estudian y practican estas enseñanzas.

www.ingramcontent.com/pod-product-compliance
Lightning Source LLC
Chambersburg PA
CBHW060305100426
42742CB00011B/1868